Wulfing von Rohr

Geheimnisvolle Palmblattbibliotheken

Wulfing von Rohr

Geheimnisvolle Palmblattbibliotheken

Das Leben – Schicksal oder Zufall?

Lüchow

Originalausgabe

Umschlaggestaltung: Margret Russer, München
Umschlagfoto: © Das Titelbild wurde freundlicherweise
von Lebensweg.de zur Verfügung gestellt
Satz: de·te·pe, Aalen
Druck und Bindung: Clausen & Bosse, Leck
Printed in Germany
ISBN 3-363-03092-4
ISBN 978-3-363-03092-1

www.luechow-verlag.de

Inhalt

Anhang

Zum Geleit

In der Mystik
hören wir das Lied der Seele.
In der Wissenschaft
erkennen wir den Gesang der Natur.
In unserem eigenen Leben
können wir uns als Strahl des Schöpfers erfahren.

Das innere ewige Licht
ist der Leitstern dafür.
Liebe, Einheit und Frieden
sind der Weg dahin.

Einführung

Haben Sie sich auch schon gefragt: War es Zufall oder Vorherbestimmung, dass ich an jenem Tag genau zu jener Stunde gerade diesem Menschen begegnet bin, der auch nur deshalb just dann dort sein konnte, weil sich sein Zug verspätet hatte? Oder: Warum bin ich speziell mit diesem Partner zusammen, warum hatten wir uns damals kennenlernen sollen? Ist unser Leben irgendwo festgeschrieben, steht es in den Genen, was aus uns wird? Steht das Schicksal in einem unsichtbaren goldenen Buch? Oder wird es von Familie und Überlebenskampf, von Gesellschaft und Kulturnormen festgelegt?

Vielleicht überlegen Sie auch dann und wann: In welche Richtung führt mein Lebensweg? Inwieweit kann ich ihn selbst bestimmen? Kann ich einmal getroffene Entscheidungen, Handlungsweisen oder Gewohnheiten revidieren und ein neues Ziel ansteuern? Kann und darf ich erkennen, wer ich bin und worin meine Aufgabe in diesem Leben besteht? Gibt es im anscheinend allgegenwärtigen Chaos dieser Welt Hoffnung auf einen Sinn?

Dieses Buch ist ein Versuch, aus der Fülle des äußeren und inneren Suchens und Erlebens und trotz vieler Begrenzungen an Wissen, Verstand und schriftstellerischen Gaben etwas weiterzugeben: die Faszination an den Geheimnissen des Lebens und die Freude am bewussten Sein. Dabei sollen der wache Geist und die empfängliche Seele gleichermaßen zu ihrem Recht gelangen.

Wir wollen in einer Art Streifzug durch verschiedene Wissensgebiete und mit unterschiedlichen Frageansätzen wesentlichen Themen nachgehen, die vermutlich jeden Menschen berühren. Wir wollen eine Reihe von Antworten gemeinsam überlegen, die als Angebote gedacht sind, nicht als vermeintlich absolute Wahrheiten oder unumstößliche Dogmen.

Dieses Buch ist als eine Einladung gedacht, sich auf das Abenteuer des Menschseins neu einzulassen, und als eine Ermunterung, zu prüfen, wie Ihr Leben neuen Sinn gewinnen könnte. Von Herz zu Herz, von Seele zu Seele möchte ich meine Gewissheit mit Ihnen teilen, dass Sie und ich, dass wir alle, Zugang gewinnen können zu Licht, Liebe und schöpferischer Kraft!

Falls Sie während der Lektüre dieses Buches ab und zu schmunzeln oder lachen, falls Sie sich freuen können oder neu und kritisch über etwas nachzudenken beginnen, falls Ihnen dann und wann ein kleineres oder größeres Licht aufgeht, falls Sie sich vielleicht in manchen Augenblicken der Lektüre friedvoller oder glücklicher fühlen, falls Sie die Existenz einer größeren Kraft zu ahnen oder zu spüren beginnen, die Sie durch Ihr eigenes Leben trägt, so hat dieses Buch seinen Zweck mehr als erfüllt und wir beide dürfen von Herzen dafür dankbar sein.

1 Eine Bibliothek der Zukunft

Das Rätsel der alten indischen Palmblattsammlungen

Die junge Frau, nennen wir sie Elisabeth, ging zum letzten Mal zum wöchentlichen Meditationsabend bei June, einer Astrologin in San Francisco. Sie hatte eine schwere Zeit hinter sich und wusste wohl nicht, dass ihr eine ebenso schwere Zeit noch bevorstand. Nach sechsjähriger Ehe mit einem amerikanischen Computeringenieur, aus der die beiden eine vierjährige Tochter hatten, wollten, oder besser, mussten sie sich trennen. Jerry, ihr Mann, wollte sie nicht ziehen lassen und setzte Himmel und Hölle in Bewegung, um ihr die Reise in ihre Heimat, zu Familie und Freunden, schwer oder gar unmöglich zu machen und zumindest die Tochter nicht mit der Mutter fahren zu lassen. Eine Ehe, die voller Hoffnungen begonnen hatte, war dabei – wie so viele Partnerschaften zwischen uns ziemlich unvollkommenen anderen Menschen auch – in unnötigem Streit, der bis zum Hass ausartete, auseinanderzugehen. Elisabeth hatte jedoch eine »domestic order«, eine richterliche Anordnung erwirkt, dass Jerry die Pässe herausgeben und Mutter und Tochter weder weiter am Reisen hindern noch persönlich belästigen dürfe.

Zumindest an diesem Oktoberabend wollte Elisabeth wieder einmal mehr zu sich kommen, wollte sie ein wenig Frieden finden und sich mit neuer Kraft aufladen. Als sie zur Tür des idyllisch gelegenen Hauses mit Blick auf die Golden-Gate-Brücke hereinkam, begrüßte June sie mit den Worten: »Wir haben heute abend endlich mal wieder Verstärkung aus den Reihen des stärkeren Geschlechts.« Instinktiv fühlte Elisabeth, dass dieser Mann, der heute offensichtlich zum ersten Mal am Meditationsabend teilnahm, etwas mit ihr »zu tun hatte«, ohne dass sie gewusst hätte, was.

Es stellte sich heraus, dass Tony, ebenfalls ein Astrologe und zugleich Numerologe, seit einigen Monaten mit June beruflich zu tun gehabt, zeitweise sogar in ihrem Haus gewohnt, bislang aber nie Zeit gefunden hatte, am wöchentlichen Meditationsabend teilzunehmen und jetzt zum ersten Mal die Gelegenheit wahrnahm, mit dabei zu sein.

Elisabeth war das letzte Mal bei Junes Meditationsabend vor ihrer Europareise, Tony das erste Mal. Obwohl sich beide auch schon Monate und Wochen vorher hätten begegnen können, geschah das erst jetzt, »auf den letzten Drücker«. Wenn das nicht ein Wink des Schicksals sein sollte!

Wir überspringen einen Gutteil der folgenden Geschichte, deren Kern in etwa ist, dass Elisabeth und Tony im Verlauf der folgenden Monate immer mal wieder in Verbindung standen und sich ab und an sahen – weil »zufälligerweise« auch Tony mehrfach in Europa zu tun hatte.

Beide treffen sich in Marin County, nördlich von San Francisco, nach Elisabeths Rückkehr aus Deutschland wieder. Für Elisabeth öffnet sich durch die astrologische Beratungstätigkeit und den geistigen Hintergrund Tonys eine neue Welt.

Elisabeths Scheidung verzögert sich immer weiter, das Sorgerecht für die Tochter wird vom Vater beansprucht, der allerdings seit Monaten keinen Dollar mehr zahlt, weder für seine Frau noch für die eigene Tochter. Sie nimmt eine Halbtagsstelle als Sekretärin in einer deutschen Firma in Oakland an und fragt sich, wie ihr Leben weitergehen soll.

In dieser Situation lädt Tony Elisabeth ein, mit ihm nach Indien zu reisen, zu einer geheimnisvollen Palmblattbibliothek nach Bangalore, in der angeblich die Schicksale jener verzeichnet sein sollen, die dorthin fahren und nachfragen.

Sie wird ganz aufgeregt und spürt, dass sich hier eine Chance bietet, endlich einmal einen seelischen Durchbruch zu erfahren, endlich einmal besser zu verstehen, warum ihre Ehe mit Jerry auseinandergebrochen war, was sie daraus lernen und wie es mit ihrem Leben weitergehen sollte; vielleicht auch, welche Möglichkeiten und Herausforderungen eine Beziehung mit Tony bringen könnte.

Natürlich regt sich nach der ersten Freude gleich ihr kritischer Verstand: Wie kann es irgendwo auf der Welt Informationen nur gerade für die Menschen geben, die dorthin kommen? Woher kann man vorher wissen, wer wohin reist? Was wäre denn, wenn nun Millionen Menschen dorthin führen? Und außerdem: Wer weiß, ob die Bibliothek nicht gerade dann geschlossen ist, wenn sie und Tony in Bangalore ankommen? Schließlich: Vielleicht gäbe es, falls sie offen wäre, auch gar kein Blatt für sie – oder würde man ihr einfach irgendeines »unterjubeln«?

Echos aus der Vergangenheit? Stimmen aus der Zukunft?

Neugier und Faszination durch das anscheinend Unerklärliche behalten die Oberhand, Tony und Elisabeth reisen nach Indien und auch nach Bangalore. Sie sprechen bei der Zukunftsbibliothek vor, der Palmblattleser ist tatsächlich da und bereit zu versuchen, auch ohne längere Wartezeit innerhalb der nächsten Tage für einen seiner beiden Besucher dessen Palmblatt zu finden. Beide schreiben ihr Geburtsdatum und Geburtsort und die Namen ihrer Eltern auf. Nach zwei Tagen rufen sie bei der *Sri-Shuka-Nadi*-Sammlung an und erhalten die Nachricht, dass Elisabeths Palmblätter gefunden worden seien.

Der Palmblattleser, ein etwa vierzigjähriger Südinder in traditionellem rockartigem Untergewand mit freiem Oberkörper, um den ein großes, helles Tuch geworfen wird, empfängt die beiden in seinem kleinen Büro. Darin hängen Bilder von Göttern und Heiligen sowie von seinem verstorbenen Vater und seinem ebenfalls verstorbenen Bruder, die seine Vorgänger im Amt des Palmblattübersetzers waren. Er stellt ein Tonbandgerät ein, indische Musik mit einem ganz besonderen Gesang erklingt.

Er erklärt, dass dies eine Einstimmung für die Lesung darstelle, dass damit die Atmosphäre geklärt und sowohl andachtsvoller als auch empfänglicher werde, damit ihm geholfen werde, das Palmblatt so korrekt es gehe zu übersetzen, und damit Elisabeth so offen wie möglich für wichtige Informationen wäre.

Aus einem Bündel von Palmblättern vor sich greift er dann zwei oder drei heraus, legt sie vor sich hin, beginnt im holprigem Englisch vorzulesen.

Zunächst einmal stehe auf diesem Palmblatt, dass die junge Frau mit diesem und jenem Geburtsdatum genau heute zu einer Lesung zur Sri-Shuka-Nadi-Sammlung kommen werde. Nicht nur das Geburtsdatum, sondern auch der Tag der Lesung ist in diesem Fall also auf dem Blatt selbst vermerkt. Elisabeth sei mit zweiundzwanzig Jahren aus dem Haus der Eltern gegangen, gegen deren Willen, und habe zunächst etwas Kreatives gearbeitet. Zwischendurch vergewissert sich der Palmblattleser immer wieder, ob das Gesagte zutrifft oder nicht.

»Ja, das stimmt«, sagt Elisabeth.

Mit fünfundzwanzig habe sie geheiratet, einen Mann, der nicht aus ihrem eigenen Land stammte, und sei mit ihm in sein Heimatland übergesiedelt.

Auch das stimmte.

Sie habe dann nur ab und zu »gejobbt«, aber während der Ehe keinen richtigen Beruf ausgeübt; sie habe dann eine Tochter geboren, die jetzt etwa vier Jahre alt sei. Die Ehe funktionierte aber bereits sei gut drei Jahren nicht mehr wirklich, Elisabeth hätte schon damals überlegt, sich zu trennen, aber den Mut zur Entscheidung nicht gehabt.

Elisabeth reagiert immer betroffener darauf, wie genau hier ganz persönliche Einzelheiten aus ihrem Lebenslauf aufgeführt wurden. Stand das alles wirklich so auf diesem kleinen Palmblatt?

Oder war der Übersetzer vielleicht telepathisch oder hellseherisch befähigt?

Als nächstes geht der Übersetzer auf ihre jetzige Situation ein. Sie befinde sich mitten in einer sehr schwierigen Trennungsphase. Der Grund für die Schwierigkeiten liege in alten karmischen »Schulden«, die sie gegenüber Jerry noch aus früheren Leben offen habe und die jetzt getilgt würden. Insofern könne Elisabeth froh sein, dass das alles damit abgewickelt und aufgelöst werde. Geld für sich könne sie allerdings nicht erwarten, und selbst für ihre gemeinsame Tochter werde der Vater nur zögerlich und sporadisch zahlen.

Sie habe vor einigen Monaten einen Mann getroffen, der für ihr Leben eine wichtige Rolle spielen werde, weil er ihr helfe, geistige und spirituelle Zusammenhänge zu erkennen, und weil er sie auch im praktischen Leben unterstützen werde. Ob sie dem zustimmen könne? Auch diese Auskünfte empfindet Elisabeth als ziemlich genau zutreffend. Danach liest er noch einige Informationen über gesundheitliche Fragen vor, die Elisabeth nicht so klar zu sein scheinen.

Der Palmblattübersetzer nimmt ein zweites Blatt in die Hand und sagt, dass es nun um frühere Leben und um die Zukunft gehe. In einem früheren Leben sei Elisabeth in Tibet gewesen, zusammen mit einer Frau, die dort magisch anmutende Heilungen vornahm und mit der sie auch in diesem Leben wieder in Kontakt stünde. Daher rühre auch ihr Interesse an Therapien aus der Naturheilkunde. Elisabeth glaubt, aus seiner Beschreibung die Astrologin und Meditationsleiterin June wiedererkennen zu können.

Davor sei Elisabeth in Ägypten inkarniert gewesen und habe dort als Künstlerin und Kunstmalerin gearbeitet. Daher stamme ihr Interesse und ihre Gabe für Künstlerisches in diesem Leben. In Ägypten sei sie auch dem Mann begegnet, der im jetzigen Lebensabschnitt für sie eine Rolle spiele. Er war damals Architekt und wisse auch heute noch, wie man Gebäude, Projekte und Dinge allgemein aufbaue, wovon sie profitieren könne. Erneut findet Elisabeth, dass etwas daran sein könnte.

Nun widmet sich der Palmblattleser der Zukunft. Sie werde noch auf dieser Reise in Indien einen Meditationslehrer treffen, der ihr auf dem Weg zu sich selbst weiterhelfen könne, allerdings nicht in Süd-, sondern in Nordindien. Sie habe in einem früheren Leben zur Familie dieses Meisters gehört. Elisabeth werde nach ihrer Rückkehr aus Asien nicht mehr im Heimatland ihres bisherigen Mannes, in den USA, wohnen, sondern mit ihrer Tochter schon bald nach Europa übersiedeln. Es wäre nützlich für Elisabeths berufliche Zukunft, wenn sie über kurz oder lang ihre heilerischen und ihre künstlerischen Gaben weiter ausbilden lassen und dann beruflich anwenden würde.

Elisabeth ist verblüfft, überwältigt, bewegt und irgendwie auch inspiriert von all den Mitteilungen, die sie gehört hat. Sie stellt noch einige Fragen zur weiteren Klärung, dann nehmen sie und Tony Abschied. Als Tony sie fragt, wie viel denn ihrer Meinung nach nun »gestimmt« habe, antwortet Elisabeth, dass sicher siebzig Prozent richtig waren, vielleicht sogar noch mehr – aber die Aussagen über die Zukunft könne man ja noch nicht überprüfen. Beide reisen weiter durch Indien, kommen nach Delhi, treffen »zufällig« einen Amerikaner, der sie in den Kirpal-Ashram im Stadtteil Vijay Nagar in Alt-Delhi zu einem Meditationslehrer einlädt und der sie auch gleich dorthin mitnimmt. Elisabeth trifft im Wohnhaus dieses Lehrers zuerst dessen Mutter, die sie mit den Worten begrüßt: »Du siehst aus wie meine Tochter.«

Sie und Tony lassen sich von diesem Lehrer, Rajinder Singh, einem indisch-amerikanischen Wissenschaftler, der die Lehraufgaben seines verstorbenen Vaters übernommen hat, in die Meditationsmethode einweisen. Elisabeth gewinnt dadurch rasch mehr Klarheit und neuen Lebensmut, um mit ihren Belastungen und schwierigen, ungeklärten Verhältnissen besser zurechtzukommen.

Elisabeth zog übrigens in der Tat einige Monate später zurück in ihr Heimatland, in die Nähe von Heilbronn. War es nun Zufall oder Schicksal, Vorherbestimmung oder freie Entscheidung, dass Elisabeth überhaupt Tony traf, dass sie beide zur Palmblattbibliothek nach Indien reisten, dass der Palmblattleser Informationen für Elisabeth fand, die noch dazu verblüffend genau ihre Situation beschrieben, dass sie einem Meditationslehrer begegnete, und dass sie schließlich wieder nach Deutschland zurückzog?

Das ist eine wahre Geschichte, die mir aus erster Hand berichtet wurde und bei der ich nur aus Gründen des Personenschutzes die Namen und einige Details geändert habe. Diese Geschichte wurde für mich zum unmittelbaren persönlichen Anlass, mich näher mit den indischen Bibliotheken der Zukunft zu beschäftigen. Ich hatte allerdings schon lange vorher einen Hinweis darauf erhalten, ohne dem damals jedoch nachzugehen.

Erste Hinweise auf ein ungewöhnliches Phänomen

Zum ersten Mal hatte ich Anfang der Siebziger Jahre bei einer Abendgesellschaft im Münchner Hause des bekannten Musikkritikers Professor Joachim Kaiser und seiner Frau Susanne, die inzwischen einen beachteten Roman vorgelegt hat, von dieser Art von »Schicksalsbibliothek« gehört. Meine älteste Schwester Diemut, die Kostümbildnerin und Hobbyastrologin ist, hatte mich dorthin mitgenommen.

Unter den Gästen war ein aus Belgien stammender und in München arbeitender Fotograf, nennen wir ihn Armand, der vor einigen Monaten aus Indien zurückgekommen war. Armand erzählte in lebendigen Bildern von seinem Erlebnis in einer Palmblattbibliothek – leider erinnere ich mich nicht mehr, ob bei Madras oder in Bangalore. Er war auf Fotosafari in Indien unterwegs, sein Weg führte ihn »zufällig« auch nach Bangalore, der südindischen Stadt der Hochtechnologie und der blühenden Gärten. Dort traf er in einem der zahlreichen Seidengeschäfte, wofür Bangalore ebenfalls bekannt ist, eine junge Amerikanerin, die ihm von einem indischen Arzt erzählte, der besondere ayurvedische Arzneimittel und Tinkturen selbst herstellte und sie angeblich mit großem Erfolg bei seinen Patienten anwandte. Armand ließ sich die Adresse geben und verabredete ein Treffen mit dem Arzt. Der belgische Fotograf fand ein reiches Feld für seine Absicht, typische Bilder aus Indien für eine Illustriertenserie im Westen zu dokumentieren. Dieser Arzt nun zog Armand in ein Gespräch, das bald über Medizin und Ayurveda hinausging und zu den geistigen Grundlagen des Lebens führte. Dabei erwähnte er auch eine »Schicksalsbibliothek«, in der auf Palmblätter aufgezeichnete Gesichte und Botschaften früherer Seher gehütet würden. Armand fühlte sich wie elektrisiert und bekundete reges Interesse, einmal eine solche Bibliothek aufsuchen zu können. Sein Gastgeber versprach, sich für ihn zu erkundigen; er werde ihm am nächsten Tag eine Nachricht in sein Hotel schicken.

Tatsächlich erhielt unser Bekannter die Einladung, zur Palmblattbibliothek zu kommen, allerdings ohne Fotoapparat. So ging Armand in ortskundiger Begleitung hin, traf einen älteren Inder, der keinerlei Englisch zu sprechen und wohl auch keines zu verstehen schien, ihn jedoch freundlich begrüßte und ihm freudestrahlend zwei oder drei brüchige Palmblätter zeigte.

Aus dem Sanskrit auf den Blättern wurde zunächst in eine indische Sprache übersetzt und dann ins Englische geradebrecht. Armand selbst hatte uns damals die genaue Adresse nicht sagen wollen, sondern meinte nur, dass jeder, für den ein Palmblatt in einer der Bibliotheken läge, auch früher oder später irgendwie dorthin geführt würde.

Er berichtete, dass der Palmblattleser aufgrund seines Geburtsdatums zwei Blätter speziell für ihn herausgefunden hatte. Auf diesen Blättern war in Lautschrift sein eigener Name verzeichnet, Angaben über sein Alter, Hinweise auf Kinder und eine laufende Scheidung, über einen gerade erfolgten Wohnortswechsel sowie weitere Angaben, die ihn eindeutig zu identifizieren schienen. Der etwa vierzigjährige Fotograf befand sich tatsächlich gerade in einer Trennung, hatte zwei Kinder, und war wirklich vor kurzem umgezogen.

Schon insofern war Armand mehr als überrascht, im »tiefen Indien« ganz persönliche Aussagen über sich selbst schon vor Hunderten oder Tausenden von Jahren offenbar schriftlich fixiert zu finden. Und das über Menschen, die zum Zeitpunkt der Voraussagen noch gar nicht geboren waren! Noch erstaunter war unser Bekannter, als ihm einige entscheidende Informationen über seine weitere berufliche Zukunft vorgelesen wurden. Bereits in den Wochen nach seiner Rückkehr aus Indien waren diese Veränderungen eingetreten.

Letztlich war sich Armand jedoch nicht sicher, ob all die zutreffenden Informationen wirklich auf den Palmblättern gestanden hatten oder von dem vielleicht auch medial begabten Palmblattleser telepathisch und visionär erfasst worden waren.

Ich hatte seinen Bericht mit großem Interesse verfolgt und war aber noch nicht über das anscheinend bestehende Paradox gestolpert: was würde denn passieren, wenn alle Menschen dieser Welt dorthin pilgerten? Würden sich dann die dort vorhandenen Palmblätter wundersam vermehren? Da der Fotograf in seiner Erzählung sehr sachlich und glaubwürdig und keineswegs schwärmerisch verklärt klang, und da er besonders darauf hingewiesen hatte, dass die Adresse eben nicht so ohne weiteres weitergegeben werde, sondern nur an jene geriete, die dafür irgendwie »vorherbestimmt« seien, spielte dieses kurz skizzierte Paradox für mich damals noch keine Rolle.

Nach diesem Abend verfolgte ich das Thema »Zukunftsbibliothek« erst einmal viele Jahre nicht weiter, sondern wandte mich der praktischen Erfahrung mehrerer Meditationswege und mystischen Lehren zu, in denen die Erkundung des persönlichen früheren oder zukünftigen Schicksals eher im Hintergrund stand.

Durch die Arbeit an meinem Buch *Magisch Reisen Indien* in den Jahren 1989 und 1990 hatte ich Anlass, mich erneut mit den indischen Palmblattorakeln zu befassen. Dazu diente auch ein Artikel des Bestsellerautors Johannes Freiherr von Buttlar-Brandenfels, der im Rahmen einer Serie über ungewöhnliche Phänomene in der Illustrierten Bunte die Erfahrungen von Menschen präsentierte, die in einer solchen Zukunftsbibliothek gewesen waren. Aber für mich war dennoch auch in diesen Jahren offensichtlich noch nicht die Zeit gekommen, persönlich nach »meinen« Palmblättern zu fragen.

Erst im September 1993 war es dann soweit. Johannes von Buttlar und ich reisten für unseren ZDF-Film Es *steht geschrieben – Auf den Spuren einer Weltformel* gemeinsam nach Indien. Für mich war es die, wie ich meine, dreizehnte Indienreise, für ihn die erste. Johannes hatte die Adresse der Palmblattbibliothek in Bangalore besorgt und sich dann auch darum gekümmert, dass eine private Filmgesellschaft weitere Aufnahmen bei der Palmblattbibliothek in Hoshiarpur in Nordindien bezahlte.

Im Februar 1994 reiste ich, diesmal allein, erneut an diese beiden Orte, um mehr über die Hintergründe dieser merkwürdigen Aufzeichnungen zu erfahren und endlich auch nach »meinem« Schicksalsblatt zu fragen.

Eigene Erlebnisse in Bangalore

Sollte das eine der berühmtesten Zukunftsbibliotheken Indiens sein? Sollten in diesem unscheinbaren Gebäude im Stadtteil Chamarajpet Schicksalsbotschaften für Hunderttausende von Menschen liegen, die eigentlich nur hierher zu kommen brauchten, um alles Wichtige über ihr Leben zu erfahren?

»Sri Shuka Nadi«, als »Worte des heiligen Shuka« oder »Sri Shuka Palmblattorakel« könnte man das übersetzen, stand auf dem grünen Glas über dem schmalen Eingang an der 5th Main Road. Schlanke und hohe Akazien spendeten Schatten entlang dieser Strasse. Zwischen einem kleinen pittoresken Buch- und Hefteladen und einer Motorscooter-Werkstatt führten einige Treppenstufen hinauf zum mit grünem Glas überdachten Vor- und Innenhof, der durch ein breites Metalltor abgesperrt werden konnte. Weitere Treppenstufen drinnen führten zur schlichten Holztür, die den Haupteingang zum weiter hinten liegenden, ebenfalls schmalen Haus darstellte.

Wir, Johannes von Buttlar und ich, die wir hier im September 1993 für unsere ZDF-Dokumentation filmen wollten – die Ostern 1994 ausgestrahlt wurde –, klopften respektvoll an und hofften darauf, dass wir den Hausherrn antreffen würden, dass er Zeit für uns hätte, dass wir eine Palmblattlesung würden filmen dürfen.

Zunächst lugte ein Kind aus der sich halb öffnenden Tür hervor, dann kam eine ältere Frau, die leider kein Englisch verstand, schließlich begrüßte uns die Frau des Hauses, eine liebenswürdige Mutter dreier Kinder und bat uns, doch Platz zu nehmen. Sie wolle ihren Mann verständigen.

»Sie haben Glück«, meinte Gunjur Sadchidananda Murthy, der Palmblattübersetzer, als er in malerischer Kleidung zu uns kam. »Wir bereiten gerade die Feier für den Gottesaspekt des Glücks, für Ganesh vor, das ist ein besonders gesegneter und verheißungsvoller Tag.« Er war gern bereit, mit uns zu sprechen und uns auch bei einer Lesung am folgenden Tage filmen zu lassen. Leider könne er es aber in der kurzen Zeit nicht bewerkstelligen, nachzuforschen, ob für Johannes oder mich ein Palmblatt in dieser Sammlung vorhanden sei. Ganz stolz zeigte er eines der deutschen Bücher von Johannes, das seinen Weg bis nach Bangalore gefunden hatte. In ihm hat der bekannte Bestsellerautor unter anderen Themen auch einige Erlebnisberichte von Besuchern dieser Zukunftsbibliothek vorgestellt.

Herr Murthy berichtete von seinem Vater, Narayan Shastri, der ein wunderbarer Kenner des Sanskrit gewesen, aber leider verstorben sei. Mr. Murthys Bruder wurde zum Nachfolger bestimmt, erlag aber nach wenigen Jahren einer unheilbaren Krankheit. So sei nun er es, der die Tradition der Palmblattlesungen aufrecht erhalte. Am Anfang sei es für ihn gar nicht leicht gewesen, sich in all den vielen Bedeutungen bestimmter Sanskritworte sicher zurechtzufinden. Und sein Englisch sei leider auch nicht so gut, dass er immer das richtige Wort fände.

Er zeigte uns einen Teil seiner »Schätze«: einige hundert Bündel von länglichen Palmblättern, die zwischen Holzdeckeln zu so genannten Büchern mit roten Seidenschnüren zusammengebunden waren. Im persönlichen Gespräch und im Fernsehinterview erläuterte er, wie es möglich sei, dass auf verhältnismäßig wenigen Palmblättern so ungeheuer viel Information stehen könnte.

»Die Palmblätter sind wie Computerdisketten: auf wenig Raum hat viel Information Platz. Die Schrift ist klein, aber vor allem bergen Sanskritworte oft mehrfache Bedeutungen gleichzeitig. Dann kommt es auf die Bildung und Sprachgabe sowie auf das Einfühlungsvermögen des Übersetzers an, die richtige Bedeutung für den Fragesteller zu finden.«

Bei Ortsnamen, bei Berufsbezeichnungen oder bei Familienverhältnissen müsse er alte Begriffe und Redewendungen auf moderne Gepflogenheiten hin »interpretieren«. Leider sei er noch nicht so geübt, um immer fehlerfrei übertragen zu können, er bemühe sich aber sehr darum, sich zu verbessern.

Gunjur Sadchidananda Murthy wies uns übrigens ausdrücklich daraufhin, dass er es ablehnt, irgendwelche Zahlungen anzunehmen oder mit einer brieflichen Anfrage zugesandt zu erhalten, bis nicht sichergestellt sei, ob es überhaupt eine Palmblattinformation für den oder die Fragesteller/in gibt. Auch könne er nur das annehmen, was freiwillig gegeben werde. Immerhin bekam ich bei meinem zweiten Besuch im Februar 1994 heraus, dass ein Betrag zwischen zweihundert und dreihundert indische Rupien angemessen zu sein scheint, also etwa fünf bis fünfzehn Euro (damals, Anfang der Neunziger Jahre!).

Auf die Frage, ob denn für Suchende, die zu mehr als einer

Palmblattbibliothek fahren, nur an einer oder an mehreren Stellen »ihre« Palmblattorakel liegen, meinte er, dass jeder Mensch zu »seiner«, also zu einer einzigen »Schicksalsbücherei« gehöre.

Ich greife vor, um an dieser Stelle anzumerken, dass die Auskunft in Hoshiarpur anders lautete. Dort hieß es, es sei durchaus möglich, in mehreren Bibliotheken persönliche Informationen zu finden. Die Art und die Tiefe seien aber vom Charakter der jeweiligen Bibliothek beziehungsweise von deren Urheber abhängig: Je weiter der Urheber spirituell entwickelt gewesen sei, desto umfassender und treffender habe er die entsprechenden Botschaften hinterlegen können. Bei anderen Bibliotheken könne man jedoch durchaus immerhin Teilaspekte des eigenen Lebens aufgezeichnet finden.

Am nächsten Tag erlebten wir zwei Lesungen, mit einem Deutschen und einer Amerikanerin. Ihre Sitzung durften wir filmen. Sie war hinterher geradezu überwältigt von der Genauigkeit der Auskünfte und fühlte sich auf ihrem weiteren Lebensweg stark ermuntert. Wir sahen, dass ein junges japanisches Pärchen vorsprach und zwei ältere Engländerinnen.

Der Hauptteil der Ratsuchenden sind jedoch Inder. Oft dauert es etliche Wochen oder gar Monate, bis man eine Auskunft erhält, ob eine persönliche Schicksalsinformation vorliegt. Manchmal passiert es nach Auskunft von Mr. Murthy auch, dass beim ersten Besuch nichts zu finden ist, beim zweiten Versuch jedoch das entsprechende Palmblatt »auftaucht«. Denn meistens ist hier in Bangalore nicht nur das Geburtsdatum vermerkt, sondern auch der Tag, an dem die Information dem Fragesteller eröffnet wird. Wenn man also »zu früh« ankommt, steht die Information eben leider noch nicht zur Verfügung.

Wir wurden besonders herzlich verabschiedet, Mr. Murthy schenkte uns rot-orangefarbene Meditationstücher, auf denen die heilige Mantrasilbe »OM« und andere Sanskritmantras aufgedruckt waren. Jeder erhielt dazu eine gesegnete Sandelholzkette und der bescheiden-freundliche Palmblattleser markierte mit roter Farbe auf Johannes' Stirn den Sitz des »dritten Auges« zwischen den Augenbrauen. Ich hinterließ meine Geburtsdaten und verabredete, zu einem späteren Zeitpunkt für eine persönliche Lesung wiederzukommen.

Eigene Erlebnisse in Hoshiarpur

Die ohne Übertreibung mörderisch zu nennende Fahrt von Delhi nach Hoshiarpur im Mietwagen mit Chauffeur zur »Brighu Samhita«, zu einer der größten indischen Schicksalsbibliotheken, wird wohl solange eine erste und sehr ernste Schicksalsprüfung für alle Palmblattsucher bleiben, wie Indien Indien ist und bleibt. Die alte »Great Trunk Road« der englischen Kolonialmacht von Delhi über Lahore nach Rawalpindi und über den Khyberpass bis nach Kabul ist eine meist anderthalbspurige, manchmal zweispurige Teerstraße zwischen weiträumigen Baumalleen, die Mensch und Vieh dringend benötigten Schatten spenden. Menschen und Tiere bevölkern diese Straße auch auf die immer wieder überraschendsten Weisen, welche den Notwendigkeiten eines einigermaßen sicheren Straßenverkehrs Hohn sprechen. Es ist alles vertreten: kleine Jungs, die eine unüberschaubare und träge Wasserbüffelherde quer über die Straße treiben, so dass der abenteuerliche Lastwagen mit den phantasievoll mit Figuren und Stossgebeten an alle Heiligen bemalten Holzaufbauten unversehens und aufs Geratewohl auf die Gegenfahrbahn ausschert; hölzerne einachsige Bauernkarren mit zwei riesigen holprigen Rädern, einer überquellenden Ladung von Baumwolle, Gras oder Stroh unter gewölbten Juteplanen, fast unsichtbar irgendwo mittendrin ein Bäuerlein, der sein klappriges Pferd oder seine eingefallene Kuh mit gutem Zureden zur weiteren Zugarbeit animieren will, damit ein überladener Fernreisebus, bei dem auch auf den Trittbrettern die Menschen eine Strecke mitfahren, passieren kann; eine Bauernmagd in farbenfrohen, aber vom Straßenstaub arg verschmutzten Gewändern, die ihren Lastesel mit enormen Packsäcken links und rechts antreibt, noch schnell vor dem heranbrausenden Motorradtaxi mit sechs Insassen auf dem hinteren Sitzgestell das Weite zu gewinnen.

Fußgänger, Radfahrer, Motorroller, Motorräder, Einzelvieh, Viehherden, Busse, LKWs, mehr oder weniger fahrtüchtige PKWs und manche Polizei- und Militärfahrzeuge scheinen sich eine Art ständiges »indisches Roulett« zu liefern, wer wohl die besseren Nerven hat, bevor er sogar seine eigene Straßenseite freigibt und auf die Böschung neben der Straße ausweicht, wer schneller an einer engen Brücke ist, wer einen stärkeren Pakt mit seinen Schutzengeln geschlossen hat.

Auf der ersten Fahrt mit dem indischen Fernsehteam sahen wir mindestens sieben gerade eben verunglückte und praktisch völlig zerstörte LKWs, drei teilweise ausgebrannte, beziehungsweise eine steile Böschung hinuntergestürzte Busse, bei denen sicher viele Menschenleben jäh ein Ende fanden, bestimmt fast zwanzig PKWs und Dreiradlieferwagen, die an einem Baum hingen, sich ineinander verkeilt hatten oder in eine vorherige Unfallsituation geprallt waren.

Nicht umsonst scheinen in den Ortschaften immer wieder direkt neben der Straße kleine weiße Fahnen mit einem roten Kreuz auf medizinische Versorgungsmöglichkeiten hinzuweisen.

Wir mussten unseren Fahrer, der bei diesem indischen Roulett nicht nachstehen wollte, mehrfach ermahnen, nicht schneller als achtzig zu fahren und ihm schließlich, als das nichts fruchtete, damit drohen, sofort auszusteigen und mit einem anderen Wagen nach Delhi zurückzufahren. Mindestens drei Mal hatten wir aus unserer Sicht pures Glück – was ist »Glück«, was ist »Geschick«? –, dass wir bei einem völlig unnötigen idiotischen Überholmanöver nicht von einem entgegenkommenden Überlandbus zerquetscht wurden, dass wir nur buchstäblich um Haaresbreite nicht Opfer eines Akkord-LKW-Fahrers wurden und dass ein Motorradraser uns nicht in seine Wahnsinnskapriolen verwickelte.

Auch auf meiner zweiten Fahrt, diesmal zwar mit einem umsichtigeren Fahrer, wurde ich Zeuge mehrerer schwerster Unfälle und konnte die Folgen schlimmer Unglücke, die kurz zuvor passiert waren, links und rechts der Straße sehen.

Wer also eine Schnell- und Intensivlektion über »Karma« und »freien Willen« möchte, braucht nur von Delhi auf der Great Trank Road die fast acht Stunden nördlich bis Jullundhur zu fahren – von wo aus man dann endlich nach Hoshiarpur auf eine normalere Straße mit normaleren Menschen abbiegen kann. Aus diesen Verkehrserlebnissen – und ich komme im Zusammenhang mit dem Verkehrsunglück, bei dem meine beiden Eltern und zwei Geschwister 1966 alle gleichzeitig starben, aus anderer Sicht später noch darauf zurück – kann ich jetzt schon eine erste Teilbilanz ziehen: Im Verkehr gibt es mit hundertprozentiger Sicherheit nicht nur »Schicksal« oder Vorherbestimmung, sondern ein besonders hohes Maß an freiem Willen – und ein reiches Maß an Dummheit und/oder Unwillen, ihn wirklich anzuwenden!

In Hoshiarpur verwaltet eine Großfamilie die *Brighu Samhita,* die »Sammlung des Brighu«, die aus einigen Millionen von kleinen quadratischen Papierblättern besteht. Auf ihnen ist ein quadratisches Horoskop nach der indischen Manier zu sehen; sie sind des Weiteren vorn und hinten eng, aber nicht zu klein mit Sanskritworten beschrieben. Alle vier Palmblattleser aus vier Familienzweigen greifen auf dieselbe »Bibliothek« zurück, die seit vier Generationen unter der Obhut ihrer Familie steht. Es ist auch eine Frau darunter, die nach dem frühen Tode ihres Mannes nach und nach in dieses Amt hineingewachsen ist.

Wie finden Sie zu »Ihrem« Interpreten? Indem Sie sich vom Schicksal, vom Leben, von Bekannten oder von auskunftswilligen Indern in der Straße am Südrand der Kleinstadt Hoshiarpur eine Empfehlung geben lassen. Oder indem Sie die zwei Strassen hinunterwandern, auf denen die vier »Brighu Shastris«, die Orakelleser, auf großen Schildern auf ihre Dienste hinweisen. Man rechnet mit etwa einhundertundeiner Rupie an Entgelt – für den Fall, dass der/die Leser/in fündig geworden ist. Denn nur etwa für vierzig Prozent der Fragesteller wird eine Information gefunden, vor allem, weil bei der Fülle des Materials die Suche außerordentlich schwierig ist. Soweit Dr. Mohan, einer der vier, mit dem ich mich zweimal ausführlich unterhielt. Einmal aufgefundene Informationen sollen aber ganz exakt in allen Einzelheiten stimmen, was mir auch ein amerikanischer Inder, der seine Familie in der Nähe besuchte und schon eine solche Lesung erfahren hatte, enthusiastisch und vehement bestätigte.

Der Weise Brighu – über den weiter unten noch etwas mehr steht – gilt als einer der höchsten Urheber einer Schicksalsbibliothek in Indien. Man lässt hier in Hoshiarpur andere Zukunftsbibliotheken durchaus gelten, meint jedoch, dass die eigene einer höheren Stufe der göttlichen Erleuchtung entspräche.

Für mich selbst war auch trotz der langen möglichen Suchzeit zwischen September 1993 und Februar 1994 und trotz der Tatsache, dass ich Dr. Mohan einige dringend benötigte deutsche Spezialglühbirnen mitbrachte, bislang kein Orakelblatt zu finden. Das mag daran liegen, dass nicht genügend sorgfältig gesucht wurde, oder dass die schier unglaubliche Zahl an Blättern eigentlich fast jede Suche beinahe unmöglich macht, dass ich immer noch »zu früh« gekommen war oder einfach daran, dass, wie sich später herausstellen sollte, in Bangalore ja zwei Palmblätter für mich bereit lagen.

Allerdings dachte ich mir auch, dass, wenn überhaupt, die weibliche Brighu-Samhita-Übersetzerin »meine« Leserin wäre. Sie war bei beiden Besuchen jedoch anderswo unterwegs. Vielleicht führt mich mein Weg ja trotz der Strapazen eines Tages noch einmal nach Hoshiarpur.

Dr. Mohan las unserem ZDF-Team einige Blätter Wort für Wort

vor und übersetzte sie; wir sprachen mit einigen Klienten; und wir wurden in seinen schönen, großen und langgestreckten Andachtsraum geführt, in dem ein Bild des Heiligen Brighu sowie weitere Heiligenbilder und ein Foto des ersten Bibliothekshüters aus dieser Familie hing, der die Schicksalsbotschaften noch von damals hier vorhandenen Palmblättern vorlas.

Nach Hoshiarpur scheinen sehr viel weniger Ausländer zu kommen als nach Bangalore. Allerdings ist die »Fundquote« mit, wie gesagt, etwa vierzig Prozent gegenüber vielleicht achtzig bis neunzig Prozent in Bangalore auch ungleich niedriger. Ob die Informationen im Vergleich wirklich verlässlicher sind, vermag ich bislang nicht zu beurteilen. Auch hier tragen viele Blätter nicht nur Horoskopinformationen über den Fragesteller, so dass man dadurch ein Blatt einem Menschen zuordnen kann, sondern darüber hinaus auch ein »Ankunftshoroskop«, was als »Kontrolle« dient.

Auf jeden Fall zeigen die großen Schilder, die properen Häuser, die Seriosität bei der Angabe der geringen Fundquote und das verhältnismäßig bescheidene Entgelt im Erfolgsfalle, dass eine für viele ratsuchenden Menschen wichtige Auskunftsstelle zu bestehen scheint. Über die hier vertretene Ansicht zu Möglichkeiten der »Beeinflussung« und Veränderung des Schicksals zitiere ich Dr. Mohan weiter unten im Abschnitt »Wozu dienen diese Schicksalsbotschaften?«

Persönliche Lesung in Bangalore

Ich überspringe vieles von dem, was dazu führte, dass ich halb zufällig, halb geplant, schließlich doch wieder nach Bangalore kam, Mr. Murthy »meine« Palmblätter fand und auch noch eine freie Stunde, um sie mir vorzulesen: Wir hatten zwar einen Termin lange vorher ausgemacht, meine Daten lagen schriftlich vor, aber kurzfristig schien alles Mögliche doch noch dazwischen zu kommen. Ich möchte nur kurz erwähnen, dass eine Etappe dorthin ein geplanter Nachtflug von Delhi nach Lucknow war, der nach der Hälfte der Strecke wegen undurchdringlicher Gewitterwände abgebrochen wurde; wir mussten zurück nach Delhi fliegen, wodurch ich einen notwendigen zusätzlichen Tag »gewann«, um doch noch nach Bangalore zu kommen. »Zufall«, »Vorherbestimmung« oder etwas anderes?

Mr. Murthy las vor, dass ich viele Berufe ausgeübt hatte und weiter ausüben würde, für die schöpferische Tätigkeit und Kommunikation gemeinsame Nenner darstellten. In der nahen Zukunft würde ich sehr viel stärker als bisher Seminare halten, die anderen Menschen dabei helfen sollten, ihre Persönlichkeit zu entwickeln.

Der erste Teil traf zu, der zweite hat sich mittlerweile auch verwirklicht, denn ich veranstalte Seminare und Workshops.

Er trug weiter vor, dass ich zwei wichtige spirituelle Meister habe, die mir durch ihre Meditationsanleitungen und ihre Gnade wesentlich helfen würden, mich weiter zu entwickeln und den gestellten Aufgaben einigermaßen gerecht zu werden. Sie lehrten, sagte er, die »Kunst des wahren Lebens«. Da ich meinen beiden Meistern Sant Darshan Singh und Sant Rajinder Singh sehr viel zu verdanken habe, traf auch diese Palmblattinformation zu.

Mr. Murthy las vom Palmblatt auch etwas von einer älteren Dame vor, die ein Segen für mich sei. Er »extrapolierte«, dass dies wohl meine Mutter sein müsse, was ich korrigierte. Da meine Eltern starben, als ich siebzehn war, konnte meine Mutter jetzt mit fünfundvierzig keine große Rolle mehr spielen. Es handelte sich vielmehr um Melitta von Goertzke, eine entfernte Verwandte und eine sowohl kulturell als auch spirituell ungewöhnlich gebildete Dame, mit der ich viele anregende Gespräche führen darf.

Meine erste Partnerin stamme nicht aus meinem Heimatland (Deutschland), sei aber aus ihrem eigenen Land (USA) in meines umgesiedelt. Meine zweite Partnerin sei meine Seelenpartnerin und ich hätte die Aufgabe, ihr bei ihrer Entwicklung zur Seite zu stehen. Ich sei bislang für kein Kind leiblicher Vater gewesen; ich könne, wenn ich wolle, Vater einer Tochter werden, sonst aber für viele Kinder im Rahmen von sozialer Beratung und einfachen Meditationsmethoden arbeiten.

Die erste Aussage traf erneut genau zu; ob der zweite Teil so stimmt, kann man selbst sicher nur sehr schwer beurteilen; es ist wahr, dass ich – obwohl oder weil? – achtes von neun Kindern, keine eigenen Kinder habe und dass es mir andererseits aber viel Freude macht, mit Kindern zu arbeiten (ich bin tatsächlich bis heute nicht – noch nicht? – Vater geworden, hätte aber doch gern eine Tochter).

Mr. Murthy las vom zweiten Palmblatt über eine (angebliche) Inkarnation als Sadhu in Nordindien, über schriftstellerische Inspirationen aus einem griechischen Leben und manche weitere frühere Verkörperungen der Seele in einer menschlichen Form.

Den Wahrheitsgehalt solcher Mitteilungen kann ich natürlich noch weniger beurteilen – weil ich selbst eben noch nicht auf die »Akasha-Ebene« schauen kann. Aber immerhin bin ich inzwischen viele Male in Indien gewesen (bis 2001 waren es 18 Mal), meistens in Nordindien, und habe mich irgendwie »zuhause« gefühlt, sowohl mit den Menschen als auch mit den Meditationswegen und den großen philosophischen Lehren Indiens, deren zumindest oberflächliche Kenntnis mir als unverzichtbar für eine umfassende Bildung erscheint. (Und schon mit fünf Jahren »konnte« ich »Nauli Bandha«, eine bestimmte Yoga-übung, ohne sie irgendwo gesehen zu haben. Um noch etwas weiter abzuschweifen: Barbara Cartland, die bekannte englische Romanzenschriftstellerin, fragte mich während eines ZDF-Interviews einmal rhetorisch, woher Mozart denn wohl sein außerordentliches musikalisches Talent hätte haben sollen, wenn nicht aus einem früheren Leben.)

Mr. Murthy las noch eine Fülle weiterer Informationen vor, wir besprachen Aufgaben und Wege, um »moksha« zu erlangen – die »Befreiung« der Seele aus dem Kreislauf des karmischen Gesetzes von Ursache und Wirkung, von Geben und Nehmen, ohne dass man sich deshalb etwa von der Welt zurückziehen solle oder dürfe!

Der Besuch hatte sich für mich »gelohnt«. Er ergab Bestätigung für vieles, manche neue und wesentliche Anregung, und eine Fülle von offenen Fragen (auf die ich am Ende dieses ersten Kapitels näher eingehen möchte). Vorweg kann ich sagen, dass der Besuch für mich persönlich keine Form der »Programmierung« oder Einschränkung der freien Entfaltung bedeutete. Das Blatt mit der Mitteilung über die (tatsächliche oder vermeintliche?) Dauer meines Lebens hatte Mr. Murthy übrigens damals noch nicht finden können.

Auch eine andere Sitzung, die ich miterleben konnte, erbrachte ähnlich frappierende Aussagen. Mr. Murthy las einer Deutschen mittleren Alters vor, dass sie stark unter Kreuzschmerzen leiden würde, was diese Dame sehr betroffen machte, weil das tatsächlich ihr schwierigstes Gesundheitsproblem war. Der Palmblattleser führte weiter aus, dass sie diese Rückenprobleme hätte, weil sie in einem früheren Leben bestimmte Yogaübungen missbraucht hätte. Sie sollte deshalb jetzt kein Yoga mehr ausüben, sondern Entspannungs- und Meditationsübungen. Er beschrieb bestimmte Familienspannungen, die zusammen mit einer aufopferungsvollen und stark belastenden Arbeit dazu geführt hätten, dass sie sich völlig »ausgebrannt« fühle. Die Frau bestätigte praktisch alles, was ihr vorgetragen wurde, und zeigte sich innerlich tief bewegt.

Zur Geschichte der Palmblattorakel

Der Heilige Brighu kam im so genannten Goldenen Zeitalter auf wundersame Weise zur Welt. Er entsprang der Stirn des Gottes Brahma, der als der schöpferische Gottesaspekt gilt – die beiden anderen Götter der indischen »Dreieinigkeit« sind Vishnu, der erhaltende und Shiva, der auflösende Gottesaspekt. Das »goldene Zeitalter« ist das erste und längste von insgesamt vier Zeitabschnitten, die nicht nur in Asien, sondern auch in den antiken Kulturen des Mittelmeerraums als solche bekannt waren. Die drei weiteren werden das »silberne«, das »bronzene« und das »eiserne« Zeitalter genannt. Nach dieser Anschauung gibt es zwischen den Zeitaltern Übergangszeiten, so genannte Zwielichter – wir befinden uns gerade in einer dieser Wendezeiten.

Das besondere Kennzeichen des goldenen Zeitalters war die bewusste Verbindung zwischen den Menschen und der Kraft, aus der wir und die ganze Welt geschaffen wurden und durch die wir alle leben. Man könnte von einer bewussten Einheit von Menschen untereinander und einer bewusst aufrecht erhaltenen Beziehung und Zwiesprache mit Gott sprechen. Die Menschen in diesem Abschnitt lebten sehr lange, sehr viel länger als heute. (Vielleicht wird deshalb das Lebensalter der »biblischen« Gestalten im Alten Testament mit vielen Hunderten von Jahren angegeben?) Im Verlauf der Zeit ging die Erfahrung immer mehr verloren, dass wir Menschen Teil und Träger einer großen Kraft sind, die alles durchdringt. Damit ging auch die Teilhabe an den Mysterien des Seins, das Wissen um das eigene Wesen und den Ursprung des Lebens sowie die Gewissheit über Sinn und Ziel des Lebens immer mehr verloren. Die Lebenszeiten der Menschen – so diese mythologische Darstellung – verkürzte sich immer stärker. Dieser Prozess ging durch das silberne und das bronzene Zeitalter hindurch, bis hin zu unserem gegenwärtigen eisernen Zeitalter, das auch »Kali-Yuga« genannt wird.

Diese Epoche gibt man mit einer Dauer von zweieinhalbtausend Jahren an, von etwa 200 vor Christus bis etwas nach der Jahrtausendwende, also vom »Fischezeitalter« bis zum »Wassermannzeitalter«. Mystische Erfahrungen, echte Religiosität, persönliche Moral und soziale Ethik sind – wie man mit einem Blick in die eigene Zeit und in die Zeitungen leicht feststellen kann –, auf einem Tiefpunkt angekommen. (Es gibt auch eine andere

Berechnung, nach der das Kali-Yuga, das eiserne Zeitalter, mit 1200 Götterjahren zu jeweils 360 Erdenjahren insgesamt 432 000 Erdenjahre dauert. Aber auch nach dieser Auffassung sind wir jetzt am Ende des problematischsten Zeitalters und im Umbruch zu einer neuen Epoche.)

Nur durch eine Rückbesinnung auf das wahre Wesen des Menschen und auf den überpersönlichen Sinn des Lebens vermag die dringend nötige Wende in ein neues goldenes Zeitalter zu erwachsen.

Zurück zum »Seher« Brighu: Er soll aufgrund seiner Gaben die Fähigkeit besessen haben, Vergangenheit, Gegenwart und Zukunft all jener Menschen zu »sehen«, die im Verlauf der Zeiten eines Tages dorthin pilgern würden, wo seine Gesichte in Form von niedergeschriebenen Texten aufbewahrt würden. Der Sinn dieser Mitteilungen sollte darin bestehen, Menschen, die Hilfe in schwierigen Situationen oder Rat für ihre weitere spirituelle Entwicklung suchen, durch die Palmblattinformationen mit ihrem Schicksal vertrauter zu machen, Lernaufgaben zu erkennen und eine bewusste Seelenentwicklung anzustreben.

Eine mythische Erzählung bezeichnet Brighu übrigens als Avatar Vishnus, also als dessen zeitweise Inkarnation auf Erden. Damit wäre seine Geburt aus dem Kopfe Brahmas zumindest als ungewöhnlich anzusehen, allerdings nicht ausgeschlossen. Eine andere Geschichte berichtet davon, dass Brighu als Guru, also Lehrer, des Gottes Shivas gewirkt habe.

Durch all solche Überlieferungen zieht sich ein roter Faden: Brighu war ein ungewöhnlicher und weiser »Mann«, der fast auf einer Stufe mit den drei Urgottheiten Brahma, Vishnu und Shiva stand. Das allein ist mehr als genug, der »Brighu Samhita«, der Sammlung der Werke des heiligen Brighu, höchsten Respekt zu zollen. Ihr Wert und ihre Authentizität gelten deshalb als göttlichen Ursprungs.

Neben der Brighu Samhita existieren weitere Sammlungen von Palmblättern mit Schicksalsbotschaften. Eine heißt »Arun Samhita« und geht auf die Sonne zurück, deren indischer Name »Arun« ist. Eine andere Sammlung heißt »Rawan Samhita« und bezieht sich auf den vorgeschichtlichen König Rawana (der auch »Ravana« geschrieben werden kann), der gegen den Avatar Rama kämpfte, dessen Frau Sita er nach Ceylon entführt hatte; darauf fußt das berühmte Ramayana-Epos, das übrigens »gut« ausgeht. Schließlich gibt es auch eine »Nadi Samhita«. Der Begriff Wort Nadi entstammt dem Sanskritwort »Nad«, das dem »Logos« der Griechen und dem »WORT« entspricht, von dem im Johannesevangelium die Rede ist und aus dem alles entspringe.

Demnach kann das Schicksal einzelner Menschen anscheinend sowohl vom Gottesaspekt, der hinter der Sonne verborgen ist, enthüllt werden, als auch von einem mit magischen Kräften versehenen »bösen« König und sogar von der formlosen Kraft des »Wortes«.

Die Palmblattsammlung in Bangalore schließlich geht auf Sri Shuka Maharshi zurück, der während der Lebenszeit Krishnas, einer Inkarnation Vishnus, gelebt haben soll, vor etwa fünftausend Jahren. Sri Shuka war der Legende nach ein Weiser, Heiliger und Guru. Zu seinen in Bangalore aufbewahrten Aufzeichnungen zählen nicht nur Lebensläufe einzelner Menschen, sondern auch allgemeine medizinische Texte aus dem »Ayurveda«, der indischen Medizinkunde oder dem »Wissen des Lebens«. Sri Shuka scheint trotz seiner weit in die Anfänge des historischen Indiens verlagerten Lebenszeit noch der »greifbarste« unter den Urhebern dieser Schicksalsbotschaften zu sein.

Allen alten Palmblattsammlungen, die quasi Orakeltexte enthalten, ist gemeinsam, dass sie sich auf göttliche Wesen oder mythische Gestalten der Früh- oder Vorgeschichte Indiens berufen und daraus ihren besonderen Nimbus beziehen.

Die meisten Aussagen darüber, wie die Schicksalsschau zustande gekommen sein soll, lauten: der Weise oder Heilige oder Avatar hat durch unmittelbare innere Vision, durch Einblick auf die so genannte Akasha-Chronik »gesehen«, welche Menschen wann verkörpert sein werden und wie ihr Lebenslauf aussieht. Andere Meinungen gehen davon aus, dass die Daten und Fakten nur oder überwiegend auf astrologischen Berechungen beruhen, die es möglich machen, den Weg einer Seele durch mehrere Inkarnationen in unterschiedlichen Körpern und Lebensumständen hindurch zu verfolgen und zu beschreiben.

Die heutigen Palmblattleser verstehen sich übrigens im Regelfall als Übersetzer, die möglichst getreu übermitteln, was sie für den Fragesteller in ihren Texten finden. Sie sehen sich nicht etwa als selbst medial begabte Menschen oder gar selbst als berufene Visionäre.

Wie die Lebensdaten aufgezeichnet wurden

Wie sind die Schicksalsbotschaften der diversen Palmblattorakel nun durch die Jahrtausende oder zumindest durch die Jahrhunderte »gereist« und in die Moderne gerettet worden? Zunächst, so heißt es, wurden sie mündlich überliefert. Danach wurden sie auf Stein, später auf Kupferplatten übertragen, noch später auf Palmblätter und schließlich auf Papier. Neuerdings sollen sie sogar in einen Computer eingegeben werden.

Dass bald unzählig viele solcher Informationen nur im Gedächtnis existierten, klingt ziemlich unglaublich: Versuchen wir einmal, mehrere Hunderte von Kurzbeschreibungen von Menschenleben mitsamt dazugehörigen Horoskopangaben auswendig zu lernen. Und hier geht es ja um Hunderttausende bis Millionen! Aber vielleicht wurde die Aufgabe ja auf mehrere Menschen verteilt. Das könnte übrigens eine Erklärung dafür sein, warum es etliche Palmblattbibliotheken gibt, in denen die Schicksale von unzählig vielen Menschen in groben Zügen aufgezeichnet sind.

Vielleicht waren die Menschen im goldenen Zeitalter aber auch einfach einerseits konzentrationsfähiger und andererseits unbelasteter durch alle möglichen unwichtigen Informationen, die unser modernes Gemüt überfluten und zerstreuen.

Wie dem auch sei: Der Überlieferung nach wurden die Aussagen über die Lebenswege unzählig vieler Menschen zunächst einmal mündlich weitergegeben.

Als nächstes meißelte man sie auf Steinplatten ein. Selbst wenn diese vielleicht nur so groß wie ein oder zwei Handteller gewesen sein mögen – es scheint sie heute nirgendwo mehr zu geben –, müssen Areale so groß wie olympische Stadien damit gefüllt gewesen sein. Bekanntlich ließ einer der wichtigsten indischen Herrscher, der zum Buddhismus bekehrte Kaiser Ashoka, überall im Lande unzählige Steintafeln aufstellen, so genannte Edikte, auf denen er allgemein dazu aufrief, ein tugendsameres Leben zu führen und im speziellen mitteilte, wie er im königlichen Haushalt die Zahl der für den menschlichen Verzehr getöteten Tiere drastisch reduziert hatte. Ashoka starb um 232 vor unserer Zeitrechnung. Im Rahmen der damals üblichen Sitten erscheint es also durchaus denkbar, dass kleine Steintafeln die frühen Vorläufer von Palmblättern darstellten.

Sodann wurden die Steintafeln jedoch von Kupferplatten abgelöst. Auch von solchen Kupferplatten mit persönlichen Orakel-Inschriften habe ich leider noch keine einzige selbst zu Gesicht bekommen. Wir kennen jedoch sowohl aus dem indischen wie aus dem vorderasiatischen Kulturraum Kupferplatten, auf denen der Horoskopkreis mit den zwölf Tierzeichen, die Planetenzuordnungen, Mondstationen, Dekanate und vieles andere mehr vermerkt ist. Die zuvor erwähnte Melitta von Goertzke besitzt eine solche astrologische Kupferscheibe, wo ich sie auch zuerst gesehen hatte.

Von den Kupferplatten wurden die Schicksalsbotschaften auf Palmblätter übertragen. Die Palmblätter, die ich selbst gesehen habe, sind etwa zwanzig Zentimeter lang und rund drei Zentimeter breit. Sie sind mit sehr kleiner Sanskritschrift beschrieben, die pro Buchstabe vielleicht zwei bis drei Millimeter hoch ist, manchmal auch etwas höher. Ganz korrekt müsste es heißen, dass die Schrift in diese Blätter fein eingeritzt ist und die Vertiefungen mit einer schwärzlichen Tinte als Schriftzeichen aufscheinen. An zahlreichen Stellen ist die Schwärzung fast nicht mehr vorhanden, was die Lesbarkeit natürlich ziemlich erschwert. Es heißt, dass die Texte der Palmblätter durch die Jahrhunderte hinweg immer wieder dann auf neue Blätter kopiert werden mussten, wenn die alten anfingen, brüchig zu werden.

Palmblätter habe ich nur in Bangalore gesehen. In Hoshiarpur ist man »weiter«: dort sind alle Horoskopdaten und Lebensläufe auf quadratischen Papieren vermerkt. Diese Papiere sind offensichtlich mit Feder und Tinte beschrieben, die Sanskritworte sind ganz gut erkennbar. Etliche dieser Papierblätter sind hier und dort eingerissen, es fehlt bisweilen ein Stückchen an einer Ecke, aber insgesamt scheinen die, die ich gesehen habe, in einem ordentlichen Zustand zu sein. In Hoshiarpur erzählte mir Dr. Mohan auch, dass seine Familie damit begonnen habe, nun alle Texte in einen Computer einzugeben, weil damit die enorm zeitaufwendige Suche anhand von Horoskopdaten der Fragesteller inmitten von Millionen von Blättern stark vereinfacht werden könnte.

Mal sehen, ob es dazu kommt, oder ob die »Magie« eines Orakels aus fernen, frühen Tagen sich nicht dem Zugriff der unpersönlichen Technik zu entziehen weiß.

Art und Inhalt der Aufzeichnungen

Die Palm- oder Papierblätter verzeichnen meistens das Geburtsdatum und den ungefähren Geburtsort des Fragestellers; die in Bangalore offenbar auch – manchmal wohl statt dessen – den Tag der Ankunft des Fragestellers in der Palmblattsammlung. Während das Geburtsdatum einigermaßen zweifelsfrei festgestellt werden kann, ist die Bezeichnung des Geburtsortes schwieriger. Denn man findet nicht etwa genaue Koordinaten nach Längen- und Breitengraden, sondern vielmehr eher vage Angaben, wie »in einem flachen Land mit fruchtbaren Feldern«, »nahe eines hohen Berges, der meist schneebedeckt ist« oder »an einer großen Flussmündung inmitten einer Wüste«. Dass daraus dann die norddeutsche Tiefebene, der japanische Fujiyama oder die ägyptische Nilmündung wird, obliegt dem geographischen Wissen und vielleicht auch der Phantasie des Palmblattübersetzers.

Auf den Papierblättern in Hoshiarpur sind, wie schon geschildert, Horoskopgrafiken mit den Einträgen zum Planetenstand an einem bestimmten Tag zu finden. Auf diesen Blättern wird auch der Name des Fragestellers mitgeteilt – in Hoshiarpur auch nichthinduistische Namen; manchmal sogar, wer den Fragesteller zur Lesung begleitet! Dr. Mohan las mir von einem Blatt zum Beispiel vor, dass der Name des Fragestellers mit »Joses« angegeben wurde und der des Begleiters mit »Muhamed Yusuf«, die beide an diesem und jenem Tag zur Brighu Samhita kommen würden.

Es folgen, immer in Sanskrit, wichtige Ereignisse des Lebens – zum Beispiel familiäre Ereignisse, Kindersegen oder Kinderprobleme, berufliche Höhe- oder Tiefpunkte und finanzielle Umstände, Krankheiten und Ratschläge, wie man ihre Folgen mildern kann, und so fort.

Man findet kurz gefasste Angaben über Orte und Rollen früherer Inkarnationen sowie stichwortähnliche Hinweise zum weiteren Ablauf dieses Lebens. Meistens ist sogar die Dauer des Lebens und angeblich sogar das Datum des Abschieds daraus verzeichnet. (Manche Menschen im Westen schrecken angesichts der Aussicht, das zu erfahren, vor einer Nachfrage zurück. Ob das heißt, dass dahinter die berechtigte Sorge vor einer »Fremdprogrammierung« oder dass man eher den »Kopf in den Sand« steckt, muss jeder Mensch für sich selbst entscheiden.)

Falls dieses Leben nicht das letzte ist, werden wichtige Themen und Aufgaben für das nächste angesprochen. Manchmal heißt es indes, dass der Fragesteller »moksha«, »Befreiung«, noch in diesem Leben erfahre.

Wozu dienen solche Schicksalsbotschaften?

Gunjur Sachidananda Murthy aus Bangalore sagte in unserem Fernsehinterview sinngemäß: »Es gibt einen göttlichen Plan, den man jedoch nicht ändern kann. Das Schicksal also kann man nicht ändern. Man kann aber das Leid verringern, wenn man den göttlichen Plan kennt und sich dementsprechend verhält. Das Leid findet statt, jedoch mit der Gnade Gottes kann man es verringern.« Er fügte bei meinem zweiten Besuch hinzu: »Die Kenntnis des göttlichen Plans hilft, einen spirituellen Lebensweg zu suchen, und sich dadurch vorzubereiten und ›würdig‹ zu machen, aus dem Zyklus der Wiedergeburt erlöst zu werden.«

Dr. Mohan meinte im persönlichen Gespräch im Februar 1994, dass die Brighu Samhita dazu da sei, jenen zu helfen, die litten. Er fuhr fort, dass »durch die Gnade Gottes eine Veränderung des Schicksals durchaus möglich ist«, zum Beispiel vermittels »Japji, Kriya- oder Karma-Yogas«.

Er meinte, dass diese Sammlungen »nur für gute Seelen« bestimmt seien, die mehr aus ihrem Leben machen wollen, die ihr Karma verändern und verbessern wollen, und das durch Einsicht in Zusammenhänge, warum sie mit diesem oder jenem Menschen zusammen sind, warum sie an dieser oder jener Krankheit leiden und wie sie sich spirituell entwickeln können, besser zuwege brächten.

Sicher scheint, dass die indischen Palmblattbibliotheken nicht nur die »Neugier« vieler Menschen aus Ost und West befriedigen, sondern dass auch sehr ernsthafte Sucher hierher kommen. Diese wollen sich selbst, ihren Lebensweg und mancherlei Schwierigkeiten besser verstehen lernen und erbitten Hilfen bei wichtigen Entscheidungen oder Krankheiten sowie Orientierung für ihre spirituelle Verwirklichung. Insofern haben die Palmblattorakel für diese Menschen eine Art »unpersönliche Gurufunktion«.

Die indischen Palmblattbibliotheken sind bei all ihrer Faszination durch das Sensationelle, was ihnen anhaftet, ohne ihr kulturelles Umfeld wohl nicht zu begreifen. Wie will man Botschaften aus Räumen jenseits der Zeit begreifen, die aber ganz konkret für den einzelnen Menschen, für sein individuelles Bewusstsein und seinen persönlichen Lebensweg eine Bedeutung haben, ohne die Lehren von Karma und Reinkarnation zu kennen? Die Gesetzmäßigkeiten von Ursache und Wirkung aller Gedanken, Gefühle, Worte und Handlungen und die Erkenntnis der Bewahrung des individuellen Seelenkerns vor der physischen Geburt, während eines Erdenlebens und nach dem Körpertod spielen für das hier erforderliche Verständnis eine zentrale Rolle.

Wichtige Fragen aus westlicher Sicht

Was steht wirklich auf den Palm- oder Papierblättern? Soweit ich das einigermaßen zuverlässig habe überprüfen können, sind außer astrologischen Angaben tatsächlich Mitteilungen zu Menschen, die manchmal namentlich genannt werden, in Sanskrit auf diesen Blättern verzeichnet. Selbst wenn man zugesteht, dass Sanskritbegriffe eine große Bandbreite an Bedeutungen besitzen, und deshalb die Übertragung oder Interpretation eine gewisse Rolle spielt, bestehen die Auskünfte der Palmblattleser im Regelfall und überwiegend aus dem, was auf den Blättern geschrieben steht und nicht aus eigenen telepathischen oder hellsichtigen Eingebungen oder »Zugaben«.

Wie zutreffend sind die Palmblattbotschaften wirklich? Soweit ich das habe recherchieren können, sind – wenn solche Blätter gefunden werden – die Aussagen erstaunlich treffend. Diese Feststellung bezieht sich naturgemäß nicht auf Auskünfte zu »früheren Leben«, weil Mitteilungen zu diesem Bereich meist nicht nachprüfbar sind, obwohl viele Menschen – so auch ich – bestimmte Gefühle zu solchen Aussagen entwickeln. Was über die Lebensumstände vor, während und zumindest kurz nach der Lesung mitgeteilt wird, ist überraschend »stimmig« und meistens auch recht hilfreich. Das mag rein materialistisch denkenden Menschen unglaubwürdig, unmöglich oder gar absurd vorkommen.

Wer jedoch eigene Erfahrungen mit Einsichten und Botschaften aus den Grenzbereichen zwischen echtem Wissen, spürendem Erkennen und visionärer Schau gemacht hat, wird auch schon mehrfach und vielleicht immer wieder selbst erlebt haben, dass es offensichtlich einen nicht-materialistischen Zugang zu Ebenen der Wahrheit und Wirklichkeit, zu Vergangenheit und Zukunft gibt.

Das mag durch bestimmte Hilfsmittel befördert werden – wie Tarotkarten, Erfassung astrologischer Zusammenhänge, Handlinien, physiognomische Merkmale und so fort –, oder kann sich auch aus der unmittelbaren »Schau« ergeben – die sich telepathisch über Bilder und Symbole ergeben mag, die sich als ein inneres Fühlen einstellt oder in selteneren Fällen auch als mystische Vision aus höheren Ebenen.

Wenn die Schicksalsbotschaften der Palmblattbibliotheken sich also in den meisten Fällen als akkurat erweisen, welche Fragen ergeben sich daraus für das Thema dieses Buches? Wie könnte es möglich sein, dass ein Mensch oder selbst ein Heiliger oder ein »Himmelswesen« die Lebensläufe vieler Hundertausender oder gar Millionen von Menschen erfassen kann, und das womöglich noch durch mehrere Inkarnationen hindurch – und noch dazu lange vor ihrer Geburt? Gibt es ein »goldenes Buch«, eine »Akasha-Chronik«, eine Ebene, auf der alles Geschehen vom Anfang zum Ende der Schöpfung »geschrieben« steht? Ist festgelegt, wann welcher göttliche Funke, wann welche Seele auf diese Erde kommen wird und unter welchen Bedingungen, mit welchen Chancen und Herausforderungen?

Wie sollte irgend jemand wissen können, welche Menschen eines Tages an einen bestimmten geographischen Ort pilgern werden, um sich »ihre« Palmblätter vorlesen zu lassen? Und welche Konsequenzen hat das für den freien Willen des Menschen? Inwieweit würde – falls die Schicksalsbotschaften wirklich zutreffen – dadurch eine Vorbestimmung oder Prädetermination erfolgt sein?

Stünde eine solche Festlegung – falls es sie denn gäbe – nicht im krassen Widerspruch zur uns vertrauten Auffassung, dass »jeder seines Glückes Schmied« sei, dass Gott dem Menschen einen »freien Willen« gegeben habe, und so fort? Und gäbe es nicht eine, vermutlich unbewusste, Tendenz, bestimmte Antworten, die einem besonders liegen oder vor denen man Angst hat, gerade deshalb tatsächlich zu verwirklichen?

Einige vorläufige Ansätze für Antworten

Zeit ist relativ: Was wir als klar getrennt in Vergangenheit, Gegenwart und Zukunft empfinden, ist tatsächlich ein Ganzes. So ähnlich, wie das Spiel auf der Bühne oder der Film im Kino jeweils nur eine Szene zu einer Zeit zeigt. Erst begegnen sich Mann und Frau, danach unternehmen sie etwas gemeinsam, wieder später gehen sie vielleicht wieder auseinander; oder ein Mann steigt zuerst in ein Auto ein, dann sehen wir ihn auf der Straße gefährlich rasen, daraufhin gerät er in eine Unfallsituation, am Schluss liegt er im Krankenhaus. Der Film ist bereits fertig, Anfang, Mittelteil und Ende sind bereits abgedreht, aber wir sehen immer nur einen kleinen Ausschnitt daraus und nehmen an diesem Ausschnitt innigst Anteil.

Während beim abgedrehten Film der »freie Wille« nichts mehr am Geschehen ändern kann, könnte auf der Bühne alles mögliche passieren, was vom Drehbuch abweicht. Und auch wir als Betrachter können den fertigen Film »verändern«: wenn wir ihn nämlich durch den Filter einer bewussten Wahrnehmung und eines wachen Geistes laufen lassen und einerseits erkennen, dass es sich um ein Spiel von Licht, Schatten und Klängen handelt, und wir dieses relative Spiel andererseits nicht zu unserer eigenen Wirklichkeit machen müssen.

Anders gesagt: wir können einem »schlechten« oder »negativen« Film unsere eigene »positive« Lebenssicht und Einstellung entgegensetzen und ihn damit »umfunktionieren«. Damit steigen wir aus den Gemütsmustern und Denkschablonen des Films aus und schaffen eine andere, genauso »reale« Wahrheit. Das könnte im »richtigen Leben« ebenso funktionieren. Hier am Anfang des Buchs möchte ich diese Gedankengänge nicht weiter vertiefen, sondern lieber später noch einmal darauf zurückkommen.

Es wurde vorausgesehen, welche Menschen das Potential – also die physische Möglichkeit, die geistige Offenheit und das persönliche Bedürfnis haben würden, eine Palmblattbibliothek aufzusuchen. Das heißt nicht, dass es alle diese Menschen wirklich tun werden. Viele Palmblätter mögen ungelesen bleiben. Und dem widerspräche auch nicht, dass einige, deren Kommen nicht vorausgesehen wurde, eben kein Blatt für sich finden.

Die Palmblätter schränken meiner Ansicht nach den freien Willen des Menschen nicht ein, denn sie beschreiben nur das, was als eine Art von Wahrscheinlichkeit der Entwicklung zu werten ist, nicht unbedingt, was wirklich geschieht. Es steht zu erwarten, dass ein Apfelbaum Äpfel trägt. Falls ihm jedoch ein Birnbaumreiser aufgepfropft würde, könnte dieser Baum auch Birnen tragen. Es steht zu erwarten, dass ein Mensch mit schwacher Selbstbeherrschung laufend Fehler in der Ernährung macht, die schließlich zu Krankheiten führen müssen. Falls dieser Mensch aber durch einen Schicksalsschlag, einen Geistesblitz oder durch eine unverhoffte Begegnung mit einem eindrucksstarken und vorbildlichen Menschen zur Besinnung kommt, ist es denkbar, dass er sein Verhalten ändert. Dann kann er der Krankheit vielleicht noch aus dem Wege gehen, ihre Folgen stark mindern oder von seiner persönlichen Einstellung her zumindest mit ihren Wirkungen besser umgehen.

Mit diesen wenigen Überlegungen ist das Thema natürlich noch längst nicht ausreichend ausgelotet oder gar »erledigt«. Abschließend klären lässt sich das paradoxe Geheimnis der Schicksalsbibliotheken an dieser Stelle und vom Verfasser selbst ohnehin nicht. Im Verlauf der folgenden Erörterungen können wir vielleicht mehr Klarheit über die vielschichtige Thematik gewinnen, indem wir sie aus verschiedenen Blickwinkeln beleuchten. Immerhin: die indischen Palmblattbibliotheken sind ein sehr reizvoller Anlass, über manche Schicksalsfragen nachzusinnen, und sie stellen zugleich die üblichen Denkweisen gehörig in Frage!

Für mich sind diese Palmblattbibliotheken mit ihren Schicksalsbotschaften ein ernstzunehmender Hinweis darauf, dass es einerseits eine komplexe, eigenartige Beziehung zwischen Festlegung und Vorherbestimmung großer, grundlegender Lebenslinien zu geben scheint, und andererseits einen gewissen »Spielraum« oder »Freiraum« im Leben. Sei es, dass man die Einstellung auf sein persönliches Geschick durch eine bewusst gestaltete Bewusstseinsentwicklung zu verändern vermag, sei es, dass dadurch womöglich eine Änderung der »Realitäten« des Lebens erfolgen könnte.

Im nächsten Kapitel geht es um den Versuch, Erklärungen für unsere menschliche Existenz im gewaltigen Kosmos zu skizzieren und danach zu fragen, ob und welchen Sinn wir darin entdecken können.

2 Das Mysterium des Lebens

Überlegungen zu Chaos und Karma, Zufall und Schicksal, Vorherbestimmung und freiem Willen

Ist es Schicksal, dass ein Mensch im Süden Mexikos als Sohn eines Indio-Wanderarbeiters geboren wird, ein zweiter als Tochter japanischer Fabrikarbeiter und ein dritter als Kind französischer Landwirte? Ist es Zufall, wenn gerade dieser Mensch entlassen wird und gerade jener eine neue Stelle findet?

Wie ist es zu erklären, dass einer reich ist und ein anderer arm, der eine gesund und der andere krank? Ist es Karma, dass dieses Kind mit unglaublichen Talenten in die Welt kommt und jenes mit einem angeborenen, unheilbaren Leiden?

Warum hat man manchmal Glück und dann wieder Pech? Weshalb stirbt einer früh, der andere spät? Was ist eigentlich Armut und was ist Reichtum? Was heißt Krankheit, was Gesundheit? Was sind Talente, Glück und Pech?

War es vorherbestimmt, dass Alexander der Große zu einem der (vorübergehend) erfolgreichsten Eroberer der Erdgeschichte wurde und griechische Kultur bis nach Vorderindien brachte? Er starb auf dem Rückweg einer seiner Eroberungszüge in den Norden Indiens und soll, als er merkte, dass er dem Tod nicht entrinnen konnte, angeordnet haben, seinen Leichnam mit beiden Handflächen nach oben und gut sichtbar vom Körper fortgestreckt zum Begräbnis zu bringen. Auf diese Weise könne jeder sehen, dass auch er, der große Alexander, mit leeren Händen gehen musste und nicht ein Krümelchen Erde mit hinüber nehmen konnte.

Ist es vorherbestimmt, dass sich ein Reich nach dem anderen erhob, heranwuchs, erblühte und verfiel – von den Sumerern über die Ägypter zu den Griechen, von den Römern zu den Germanen?

Müssen wir die Existenz des menschlichen Lebens selbst als ein zufälliges, ungeplantes, nicht vorhersehbares Ereignis ansehen? Es gibt Menschen, vor allem materialistische Wissenschaftler und intellektuelle Journalisten, die meinen, dass es keine wesentlichen Unterschied zwischen den menschlichen Lebewesen und anderen Tieren gäbe. Zwar seien Menschen jene Tiere, die Werkzeuge machten, Feuer benutzten, lachten oder sogar Sprache entwickelten und zu »denken« begannen – aber das begründe immer noch keine wirkliche Unterschiedenheit. Auch dass (viele) Menschen über ihren Ursprung nachsinnen, trenne sie nicht von der Zugehörigkeit zur großen Tierfamilie. Religiöse Menschen glauben das anders, Menschen mit eigenen mystischen Erfahrungen wissen es anders.

Was empfinden wir, wenn wir in die transparentblaue Weite des durchsonnten Tageshimmels blicken? Was fühlen wir, wenn wir in die nachtblaue Unendlichkeit des Sternenfirmaments schauen? Mag es einen Urgrund und eine Urordnung geben oder müssen wir davon ausgehen, dass die Existenz des Weltalls einem »Chaos« entsprang?

Manche Wissenschaftler sprechen von der so genannten Entropie als einem grundlegenden Naturgesetz. Das bedeutet, verkürzt beschrieben, dass alles in der Welt im Verlauf der Zeit an Struktur, Ordnung und Differenzierung verliert und in jene ungeformte Urmasse oder in jenes leere Nichts zurückkehrt, woraus die Welt (die ganze Welt, nur die materielle Welt, das Bewusstsein auch?) entstanden sein soll. Gibt es also womöglich so etwas wie eine unaufhaltsame Entwicklung hin von Ordnung zu Chaos im Mikro- und im Makrokosmos? Und wird aus der »Ursuppe« dann wieder ein neues und ebenso bewusstes Leben entstehen, als das wir unser Leben ja meistens erfahren können?

Schicksal oder Zufall?

Eine einsame, sonnenharte Lehmstraße im südwestafrikanischen Busch. Ein Märztag 1966, am späten Nachmittag, die Sonne steht schon recht nahe über dem Horizont. Eine deutsche Familie – die Mutter ist zweiundfünfzig, der Vater achtundfünfzig, ein zwanzigjähriger Sohn, eine fünfzehnjährige Tochter – fährt in ihrem Volkswagen Variant nördlich von Windhoek zu einer Farm. Auf derselben Straße fährt ein Kleinlastwagen in südlicher Richtung. Meilenweit sind dies die einzigen Fahrzeuge, die unterwegs sind. Die Straße führt fast immer geradeaus. Beide Autos werden scheinbar magnetisch von einander angezogen. Frontalzusammenstoß. Fünf Menschen sterben. Ein »sinnloser« Unfall, ein vermeidbares Unglück. Schicksal? Zufall? Unerforschliche Wege eines fernen Herrn?

Zweimal bereits sind die Eltern haarscharf einem tödlichen Verkehrsunglück entronnen. In den fünfziger Jahren verpassen sie ein Flugzeug nach Afrika; es stürzt ab, keine Überlebenden. Anfang der sechziger Jahre Notlandung in Nairobi; alle Passagiere kommen noch glücklich heraus.

Am eindringlichsten empfinden wir Einzelschicksale, am deutlichsten stellen sich Schicksalsfragen, wenn sie uns selbst betreffen oder unmittelbare Familienmitglieder und Freunde. Der Palmblattübersetzer aus Bangalore würde vielleicht vom göttlichen Plan sprechen, der sich nicht ändern lasse, sondern auf den wir uns nur besser einzustellen lernen sollten. Ob das als Erklärung ausreicht?

Das Mysterium des Lebens lässt sich wohl nicht mit einer einzigen Formel und in einem Federstrich klären, die angeschnittenen Fragen kann man vermutlich nicht mit wenigen Patentrezepten beantworten. Sehen wir uns zunächst einmal einige Begriffe zum Thema und ihre Bedeutungsfelder näher an.

Schicksal

Heute wird dieser Begriff häufig verwandt als gleichbedeutend mit »schweres Los«, »unabänderliches Geschehen« oder auch »unbegreifliche Fügung«. Im Herkunftswörterbuch finden wir unter anderem Hinweise auf »Anordnung«, »Einrichtung«, »Fatum« und »göttliche Fügung«. Das Wort »Geschick« gilt als Vorläufer des Begriffs Schicksal: etwas wird »geschickt«. Es besteht auch eine Verbindung zu einem germanischen Wort für »werden«.

Etwas, was mir »geschickt« wird, scheint etwas mit mir zu tun zu haben. Ein »schweres Los« dagegen könnte ich durchaus als etwas betrachten, was »eigentlich« mit mir selbst nichts zu tun hat, sondern einer »Laune des Schicksals« entspringt. Die in manchen esoterischen Büchern zu findende Deutung »Schicksal: geschicktes Heil« ist in den mir zugänglichen Lexika nicht verzeichnet.

Zufall

Der Volksmund benutzt dieses Wort meist im Sinne von »sinnloses oder unerklärliches Vorkommnis« beziehungsweise »von außen kommendes Ereignis«. Die ursprünglich mögliche Bedeutung ist jedoch unverkennbar: »Etwas, was einem zufällt.«

Ob das, was jemandem zuteil wird oder ihm zustößt, sinnlos oder unerklärlich ist, ob es von »außen«, also irgendwie fremd ist oder ihm auf eine, vielleicht verborgene Weise, zu eigen ist und ihm deshalb »zufällt«, macht für die Einstellung zum Leben einen großen Unterschied aus. Einmal neigt man mehr dazu, den Zufall abzulehnen – es sei denn, es handle sich um einen Lottogewinn. Im anderen Fall kann man auch schwierige Situationen annehmen, weil man sich gewiss ist, dass einem nichts grundlos zufällt.

Was »gehört« zu uns und was nicht? Gehört nur manches oder eventuell alles zu Ihnen, was sich in Ihrem Leben ereignet?

Vorherbestimmung

Dieses Wort bezieht sich eng auf die aus dem lateinischen stammenden Begriffe »Prädetermination« und »Prädestination«. Vorherbestimmung klingt nach einer Anordnung oder Festlegung, die erfolgt ist, bevor wir darauf Einfluss nehmen können, und die im übrigen unabänderlich ist.

»Bestimmen« heißt, etwas mit der Stimme zu benennen oder durch die Stimme festzusetzen. Auch die beiden lateinischen Begriffe signalisieren, dass eine unwiderrufliche Entscheidung gefallen sei. Im theologischen Raum, zum Beispiel von Thomas von Aquin, wurde damit eine göttliche Vorherbestimmung des menschlichen Handelns festgestellt.

Folgt das Leben einem festgelegten Plan? Und wäre dieser vielleicht bestehende Plan dann in allen Einzelheiten unabänderlich?

Chaos

In der Umgangssprache meinen wir mit Chaos ein großes Durcheinander, totale Verwirrung, die Auflösung oder die Abwesenheit jeglicher Ordnung.

Ursprünglich bezeichnet dieses griechische Wort zunächst nur die »klaffende Leere (des Weltraums)« oder einfach »Abgrund«. Interessant ist die Verwandtschaft zu einem indogermanischen Wort für »gähnen«, wobei sich ja durchaus ein kleiner Abgrund auf tun mag. Im bewussteren Sprachgebrauch steht Chaos für »gestaltlose, ungeformte Urmasse (der Welt)«; sollte man statt Urmasse vielleicht richtiger Urkraft sagen?

Die moderne Chaosforschung beschäftigt sich bekanntlich damit zu ergründen, ob und welche Gesetzmäßigkeiten scheinbar chaotischen Vorgängen zugrunde liegen. Ist denn unser Leben chaotisch? Sind unsere Gedanken, Gefühle und Handlungen chaotisch?

Karma

Karma ist ein indisches Wort, das Handeln, Wirken oder Tat bedeutet. Als philosophischer Begriff steht er jedoch für das Gesetz von allgemein gültige Ursache und Wirkung: jede Wirkung hat eine Ursache, jede Ursache zieht eine Wirkung nach sich. In diesem Sinne gehören Karma und die Vorstellung von der Reinkarnation zusammen, also von der Wiederverkörperung der Seele in immer neuer äußerer Gestalt.

In einem verkürzten und falschen Verständnis setzt man oft Karma mit von äußeren Mächten auferlegter »Strafe« gleich, die in diesem Leben erlitten werden müsste aufgrund von »schlechtem« Verhalten in einer früheren Verkörperung. Das Gesetz von Ursache und Wirkung hat jedoch mit »Strafe« überhaupt nichts zu tun, sondern funktioniert sehr klar und gerecht nach dem Bibelprinzip im Neuen Testament, »Was du säest, das wirst du ernten« sowie nach dem Lehrsatz der Physik, »jede Aktion bewirkt eine Reaktion«.

Die Karmalehre geht davon aus, dass jeder Gedanke, jedes Gefühl und jede Tat eine Ursache setzen, deren Wirkung – und sei sie noch so geringfügig – eines Tages zum Urheber in der einen oder anderen Form zurückkehrt. Aus der modernen Naturwissenschaft kennen wir die Überzeugung, dass Energie nicht verschwinden, vernichtet oder aufgelöst werden, sondern nur ihre Erscheinungsform verändern kann. Genauso verhält es sich mit den »Energien«, die wir in Form von Gedanken, Gefühlen und Taten entwickeln.

Mein leider schon vor langem hinübergegangener Großonkel, Dr. Hans-Hasso von Veltheim-Ostrau, ein offener, gebildeter und spiritueller Mensch, schrieb in einem mittlerweile vergriffenen Buch ausführlich über Karma. Einige längere Passagen stelle ich Ihnen gern vor, weil er diese anspruchsvolle Thematik auf eine unnachahmlich einfühlsame und zugleich klare Weise darzustellen wusste.

»Unwissenheit bedingt die Unfähigkeit zur Karma-Erkenntnis und Schicksalserforschung. Karma und Unwissenheit hängen zusammen, denn bis zu einem gewissen Grade bedingen sie einander. Im gleichen Maße wie sich das Bewusstsein entwickelt und fähig wird, andere Ordnungsbereiche zu ergreifen, wird Karma durchschaubar und auflösbar. Je mehr Unwissenheit schwindet, um so mehr schwinden die karmischen Bindungen.

Nur die gute Erfüllung der durch die Geburt gestellten Aufgaben, so schwer sie auch sein mögen, kann (das) Karma im nächsten Leben verbessern. Auf die Gefahr hin, Protest zu erregen, muss ich sagen, dass diese hinduistische Einstellung zum Leben und seinen Schmerzen durchaus der christlichen Forderung entspricht, *sein Kreuz ohne zu klagen auf sich zu nehmen* und das schwere Ja zu Krieg, Revolution, Gefangenschaft, Heimatlosigkeit, Armut, Krankheit, Alter und Tod und allem anderen Qualvollen zu sagen, ohne mit Gott zu hadern und ohne zu fragen, warum er uns das alles auferlegt. Der Christ und der Mohammedaner dürfen nicht fragen und nicht wissen, weshalb sie leiden, weshalb diese scheinbar so schreienden Ungerechtigkeiten der Ungleichheit der Menschen bereits bei der Geburt beginnen, das ganze Leben weitergehen und bis in die verschiedenen Formen des Sterbens bestehen bleiben. Unter dem Aspekt der wiederholten Erdenleben und der damit unlösbar verbundenen Karmabildung enthüllt sich der tiefere Sinn des Satzes: *Was der Mensch säet, das wird er ernten,* und es wächst die Erkenntnis, dass das Erscheinen des einzelnen Menschen auf Erden gerade zu dieser Zeit, in diesem Lande und in dieser Rasse, in diesem Volk und in dieser Familie, männlich oder weiblich, und mit allen anderen Faktoren seiner Umwelt, die Ernte einer früheren Saat ist. Dann sind die unbegreiflichen Ungleichheiten und Ungerechtigkeiten, welche die Welt revolutionieren und das Leben eines jeden Menschen erfüllen, mit der Vorstellung eines gerechten und gütigen Gottes voll und ganz zu vereinbaren. Dann hat der Mensch nicht umsonst Verstand, Denkfähigkeit und Logik vom Schöpfer erhalten. Nur so werden diese menschlichen Fähigkeiten nicht wieder vergewaltigt und ausgeschaltet, indem dem Menschen zugemutet wird, sich in einem blinden, kritiklosen Glauben eines Fürwahrhaltens auf Gnade oder Ungnade einem irgendwann und irgendwo abzuhaltenden *Jüngsten Gericht* zu unterwerfen, um für dasjenige, was in der sehr kurzen Zeitlichkeit nur eines Erdenlebens getan wurde, zur ewigen Seligkeit oder ewigen Verdammnis verurteilt zu werden.

Wie sinnlos erscheint die westliche Auffassung von dem einmaligen Leben, das eine Ewigkeit bestimmen soll, doch vor allem, wenn ein unmündiges, aber getauftes Kind oder gar ein als Idiot Geborener stirbt. Unter dem Aspekt der wiederholten Erdenleben und dem des Karmagesetzes werden die dem westlichen Menschen so unheimliche Ruhe, die Zeitlosigkeit und die so ganz andere Einstellung des östlichen Menschen gegenüber dem Tode erst verständlich. Diese uralte Lehre vom Stufenwege der menschlichen Entwicklung, richtig durchdacht, könnte auch dem westlichen Menschen Licht in die verwirrenden Dschungel seines Lebensrätsels bringen und ihm manche Bürde abnehmen, mit der er sich heute in seiner dunklen Daseinsangst abplagt. Zudem ist diese alte Weisheit keineswegs auf den Osten beschränkt, sondern Allgemeingut esoterischer Erkenntnis und deshalb ebenso Grundlage der alten wie der modernen abendländischen Geisteswissenschaft.

Das Schicksal kann, richtig betrachtet, als ein Weg zur Menschwerdung aufgefasst werden. Das auf uns zukommende Böse als eine Herausforderung an das Gute in uns zu betrachten, heißt, das Böse nicht zu vermehren. Es gehört mit zum Schicksal unserer Seele, unseres Ich, nach dem Tode dasjenige anschauen zu müssen, was wir dann an unserem verflossenen Leben nicht mehr ändern können. Jeder Untergang in der äußeren Welt ist eine Gelegenheit zu einem Aufgang in der inneren Welt.« (Die Zitate stammen aus den Tagebuchaufzeichnungen von etwa 1938, die unter dem Titel *Der Atem Indiens* erschienen.)

Das Thema Karma lässt sich an dieser Stelle selbstverständlich nicht erschöpfend behandeln. Sant Kirpal Singh hat ein wunderbares Buch darüber geschrieben, das Sie in den Literaturhinweisen finden.

Ein anderer Ansatz

Vielleicht sollten wir einen Schritt zurückgehen und zu unterscheiden versuchen zwischen dem, was festgelegt ist oder zu sein scheint, und der Überlegung, warum etwas vorausbestimmt sein könnte. Dabei sollen die Karmalehre und die Möglichkeit der Reinkarnation zunächst keine Rolle spielen.

Unabhängig von Glauben oder Weltanschauung: Welche Gemeinsamkeiten können wir in unserer Auffassung feststellen über das Maß der Vorherbestimmung des Menschen durch unbeeinflussbare Faktoren und den vorhandenen Spielraum für das, was wir den freien Willen nennen mögen?

Was wird bereits mit der Geburt bestimmt? Zählen wir eine Reihe offensichtlicher Faktoren einfach einmal auf, bei denen vermutlich alle Menschen übereinstimmen, dass sie mit unserer Geburt unabänderlich und dem »freien Willen« unzugänglich bestimmt sind:

Geschlecht, Augenfarbe, der genetisch bedingte Körperbau, also Größe, Konstitution und so fort sind festgelegt. Die Familie, die Sprache, die sozialen Umstände und das kulturelle Umfeld, zumindest der ersten Lebensjahre, bis eine freie Entscheidung eine andere Umgebung sucht oder schafft, unterliegen mit der Geburt ebenfalls nicht (mehr?) einer Wahlmöglichkeit.

Außer genetisch-biologischen vorgeburtlichen Prägungen und sozio-kulturellen nachgeburtlichen Persönlichkeitseinflüssen können wir auch an seelisch wirksame Urbilder denken, die sogenannten Archetypen, und an Ideen und Gefühlsweisen, an Gedankenmuster und Reaktionen, die sich daraus ergeben. Auf die mitunter sehr spürbare Existenz solcher Urbilder hatte der Schweizer Psychologe Carl Gustav Jung bekanntlich als erster öffentlich hingewiesen. Er stellte das Vorhandensein eines »kollektiven Unbewussten« fest, das sich aus diesen überpersönlichen Urbildern speist. Der amerikanische Mythenforscher Joseph

Campbell, die Schweizer Psychologin Verena Kast und der deutsche Mythenforscher Bernd A. Mertz haben in ihren Büchern immer wieder Beispiele dafür dargestellt, welche bedeutende Rolle Archetypen auch für das personale Erleben des Einzelnen spielen können.

Man kann diese weniger greifbaren vorherbestimmenden Einflüsse indes auch unter dem oben genannten Begriff des »kulturellen Umfelds« einordnen und für unsere Zwecke festhalten, dass – soweit ihre Wirksamkeit existent sein mag – allgemeinmenschliche und kulturbedingte Archetypen eine Art der Festlegung für den Einzelnen mit sich bringen.

Bei der Frage, ob Anlagen und Talente, intellektuelle Fähigkeiten und emotionale Empfindungen, künstlerische Gaben und geistige »Antennen« bereits bei der Geburt genetisch, kulturell oder anders vorgeprägt und mehr oder weniger festgelegt sind, werden sich die Geister scheiden.

Auch die Frage danach, inwieweit – falls eine Bestimmung mit der Geburt noch nicht erfolgen sollte – der Einfluss der Familie beziehungsweise des unmittelbaren frühkindlichen Umfelds dafür entscheidend sein mag, wird keine einhellige Antwort finden.

Alle Mütter wissen aus eigener Erfahrung: Kein Kind kommt mit einem total »leeren« Gemüt auf die Welt, sondern mit einer Fülle an eigenen Charakterzügen, die nicht anerzogen sind, sondern von irgendwoher »mitgebracht« werden oder sich aus einem unsichtbaren Inneren entwickeln. Frappierende Unterschiede zwischen Geschwistern, auch zwischen eineiigen Zwillingen, bestärken diese Erfahrung.

Überlegen wir eindeutige Extremfälle: Bei musikalischen, sprachlichen oder mathematischen Wunderkindern handelt es sich ganz offenbar um eine Vorausbestimmung und Festlegung, die nichts oder fast nichts mit den biologischen Genen zu tun hat. Und selbst familiäre Förderung sowie das sozio-kulturelle Umfeld bieten zwar oft – aber nicht immer – den Nährboden zur Entfaltung, können jedoch nicht als kausal verantwortlich für die Existenz der überdurchschnittlichen Gaben und Fähigkeiten betrachtet werden.

Zumindest bei Wunderkindern sind wir uns wohl einig, dass auf eine unerklärliche Weise etwas angelegt und damit vorausbestimmt ist – vielleicht in den Lebensplan »hineingeschrieben steht« –, was sich »normalen« Erklärungen – Talent, Fleiß, Förderung durch gute Lehrer/innen, ein günstiges Umfeld und so fort – entzieht. Denken wir an den österreichischen Komponisten Wolfgang Amadeus Mozart, der bereits mit dreizehn Jahren Konzerte, Sonaten, Symphonien und Operetten geschrieben hatte. Der Ire Sir William Rowan Hamilton beherrschte mit dreizehn Jahren dreizehn Sprachen und zeichnete sich als hervorragender Mathematiker aus. Der Franzose Blaise Pascal galt ebenfalls als Wunderkind, der in jungen Jahren, »wie von selbst« wissenschaftliche Konzepte erdachte; er wurde nach einem religiösen Erlebnis übrigens zu einem faszinierenden Mystiker.

Ebenso werden wir uns vermutlich einig sein, dass es unumkehrbare, dem Willen nicht unterworfene Festlegungen gibt, wenn es sich um solche krassen, sehr schmerzlichen Vorherbestimmungen eines menschlichen Lebens handelt, wie sie durch angeborene und »unheilbare« Krankheiten erfolgen.

In vielen Fällen gibt es keine genetisch-biologischen und auch keine moralisch-sozialen Erklärungen – weder für den betroffenen Menschen selbst noch für die Umwelt. Spätestens in den Fällen, die uns persönlich sehr nahe gehen, werden wir fragen müssen, ob es irgendwelche Gründe für diese Festlegungen gibt. Knapp gesagt können wir festhalten, dass es eine Reihe von Festlegungen und damit Vorherbestimmungen für uns Menschen gibt, an deren Vorhandensein wir nach der Geburt nichts mehr ändern können. Es ist jedoch durchaus denkbar, dass wir darauf Einfluss haben, wie wir mit diesen Lebensumständen umgehen.

Warum ist manches »fremdbestimmt« festgelegt?
Ist es der »unerforschliche Ratschluss« eines unbegreiflichen und offensichtlich mitleidslosen Gottes, der ein Schicksal auferlegt, das gläubig zu erdulden ist? Falls dies die Antwort wäre, wäre es dann unbillig, mit jener Macht zu hadern und zu rechten, die Lasten austeilt, die von ihren selbsternannten Sprechern als *per se* und *per definitionem* unergründlich und unverstehbar erklärt werden?

Geht es um »Prüfungen«, die uns aus einer unverständlichen Himmelsferne auferlegt werden? Schlägt eine angebliche »Erbsünde« oder »Urschuld« im individuellen Einzelschicksal durch? Das meinen sogar einige »moderne Esoteriker«. Ist das, was mit der Geburt vorherbestimmt wird und jenes, was uns im Laufe unseres Lebens »unverschuldet« widerfährt, Ausdruck eines sinnlosen und zufälligen Chaos, welches letztlich als das Grundprinzip jeder Existenz zu gelten hätte?

Hilft uns vielleicht folgende Feststellung aus der modernen Wissenschaft weiter: Energie kann nicht vernichtet werden oder sich im Nichts auflösen, sondern nur ihre Erscheinungsform verändern.

Das hieße, dass nichts aus dem Nichts entstehen kann und nicht Etwas im Nichts verschwinden kann. Das hieße, dass alles, was wir äußerlich und innerlich wahrnehmen, erleben, denken, fühlen, sagen, tun und schaffen, aus einer Ursprungsenergie entspringt und in irgendeiner Form auch nach Beendigung der jeweiligen vorübergehenden Zustandsform als Energie fortbestehen wird. Im vierten Kapitel hören wir mehr dazu aus berufenem Wissenschaftlermunde.

Wenn sich nichts in ein Nichts auslösen kann, sondern die Energie in irgendeiner Form erhalten bleibt, was geschieht mit den Gedanken und Gefühlen, mit den Aktionen und Reaktionen bei und nach dem physischen Tode? Inzwischen weiß man aus der physiologischen und psychosomatischen Forschung, dass nicht nur mancherlei körperliche Lasten und seelische Spannungen in den Zellen »gespeichert« werden, sondern auch Gewohnheiten, Verhaltensmuster und geistige Einstellungen. Das erfolgt in Form von chemisch-elektrischen Reaktionen auf bestimmte wiederkehrende Situationen und kann auch als mehr oder weniger erfreuliche »Bilder« erlebt werden. Gehen also alle einmal durchlebten und irgendwo irgendwie gespeicherten Erfahrungen mit dem Tode verloren? Belassen wir es an dieser Stelle bei der Frage.

Durch unser gesamtes Alltagsleben zieht sich die Erfahrung, dass es nichts ohne Ursache gibt. Die Ursache, dass Sie dieses Buch in der Hand halten, liegt darin, dass jemand es in einer Buchhandlung erworben hat. Die Ursache dafür ist, dass der Verlag es dorthin geliefert hat. Die Ursache dafür ist, dass der Verfasser dem Verlag ein Manuskript abgeliefert hat. Die Ursache dafür ist, dass der Verlag und der Verfasser beide Freude an diesem Thema fanden. Die Ursache dafür ist, dass der Verfasser Lebenssituationen, Menschen und Büchern begegnet ist, die ihn dazu inspiriert und mit Informationen versorgt haben.

Bei jeder Erforschung von Ursachenketten kommen wir schließlich an einen Punkt, an dem es keine einfache Erklärung mehr gibt. Und dann geschieht es, dass – durch die jeweilige Mentalität vorherbestimmt? – wir Menschen bei unterschiedlichen Antworten Zuflucht suchen: Entweder sehen wir Gott oder eine ungreifbare und dennoch höchst wirksame Schöpferkraft als letzten Urheber an. Oder wir stellen uns ein kosmisches Chaos vor, aus dem sich Energie nach irgendwelchen statistischen Wahrscheinlichkeitsgesetzen und nach Trilliarden von anderen Ergebnissen nun in Form eines scheinbar sinnhaften Ereignisses oder Produkts »zufällig« ergeben hat. Oder wir begnügen uns damit, festzustellen, dass der begrenzte menschliche Verstand nie in der Lage sein wird, das Unfassbare zu fassen – und schieben solche Fragen deshalb beiseite.

Können wir in der Karmalehre eine überzeugende, in sich schlüssige und zufrieden stellende Klärung und Erklärung finden? Vielleicht begeben wir uns auf einen Weg, der uns über die Ebenen der schnell verwirrten Gefühle und des leicht überforderten Intellekts hinausführt in eine Teilhabe am Mysterium des Lebens durch eigene Erfahrung der Überzeitlichkeit und Überräumlichkeit unseres wahren Wesens, unseres innersten Seins. Vielleicht wagen wir, zumindest zeitweise von allen Vor-Stellungen loszulassen und mit dem Herzen und der Seele zu schauen und zu spüren. Vielleicht erlauben wir uns, in Dimensionen einzutreten, die jenseits der Begrenzung der Sinne liegen.

Könnte es jedoch sein, dass es zwar nichts gibt ohne eine Ursache – auch wenn wir sie noch nicht kennen –, dass es aber sehr wohl etwas oder gar vieles gibt ohne Grund, ohne Sinn? Manche Menschen sind dieser Auffassung, so der Physik-Nobelpreisträger Steven Weinberg, der im fünften Kapitel zu Wort kommt. Andere Menschen vertreten vehement einen entgegengesetzten Standpunkt.

Wir können nach dem »Wie?« fragen und nach dem »Warum?«. Antworten auf das »Wie?« fallen uns leichter; überzeugende Antworten auf das »Warum?« entziehen sich oft, besonders einer rein mechanistisch-materialistischen Denkweise. Auch an dieser Stelle und von diesem Schreiber gibt es keine schlüssige und vor allem »beweisbare« Antwort darauf.

Was bestimmen wir, meist unbewusst, selbst?

Durch unser Gefühlsleben, unsere Gedankenmuster, unsere Grundeinstellungen zum Leben, unsere Art und Weise, Informationen wahrzunehmen oder abzulehnen, sie in Wertsystemen zu organisieren und durch viele weitere subtile intellektuell-psychische und psychosomatische Mechanismen »programmieren« wir im Verlauf der Zeit uns selbst. Nicht ganz allein, die Interaktionen mit der Umwelt, mit Familie, Freunden, Lehrern, Arbeitskollegen, Konkurrenten, Massenmedien und so fort sind beteiligt.

Aber die Bildung, Entwicklung, Ausprägung, Erfahrung und Darstellung unserer Gedanken, Gefühle und Handlungen geschieht in und durch uns selbst – und ist insofern eine »Eigenprogrammierung«. Aus diesem oft undurchdringlich oder sogar zusammenhanglos erscheinenden Wust von Bewusstseinsimpulsen und -feldern, von Energiewellen und -strömungen formen sich Gewohnheiten, Urteile, Weltanschauungen und Verhaltensweisen.

Man könnte argumentieren, dass dieser gesamte Bereich dem freien Willen offen stünde. Das hieße, dass man alle mehr oder weniger deutlichen Einflüsse aus dem sozialen und kulturellen Umfeld als so schwach ansähe, dass sie leicht durch eigenbestimmte Entscheidungen »überspielt« werden könnten. Ob die Wirklichkeit einer solchen Auffassung standhält? Da müsste es sich wohl schon um sehr bewusst lebende Menschen handeln.

Wie soll man schlimme Ungerechtigkeiten im Leben verstehen? Falls wir uns weder mit der Unerforschlichkeit göttlicher Ratschlüsse angesichts unbegreiflicher Katastrophen abfinden können oder wollen, noch mit der Ansicht, alles im Leben sei ohnehin nur Ausdruck eines ständig sich wandelnden Zufalls, in dem es keine festen, auch keine moralischen sowie verstehbaren Ordnungsprinzipien gibt, könnten wir es mit der Karmalehre probieren. Vielleicht bietet sie Antworten, die annehmbarer sind.

Die Karmalehre und der freie Wille

Eine Faustregel aus der Karmalehre lautet: Etwa fünfundsiebzig Prozent des Lebens ist karmisch vorherbestimmt. Dazu zählen Reichtum und Armut, Gesundheit und Krankheit, Berühmtheit und Unbekanntheit sowie die Lebensdauer. Man zählt sie manchmal nach der Zahl von Atemzügen, manchmal nach den Herzschlägen.

Ein Einschub: Immerhin hier würde sich also durch eine bewusste und vor allem »unaufgeregte«, also gelassene Lebensweise die Chance eröffnen, langsamer und tiefer zu atmen und die Herzschlagrate abzusenken, und somit das Leben zu »verlängern«. Ob der Gedanke und die Fähigkeit dazu dem freien Willen entspringt oder bereits auch »karmisch« vorgezeichnet ist, ließe sich kaum sicher feststellen.

Wenn fünfundsiebzig Prozent des Lebens vorausbestimmt ist, so bleiben fünfundzwanzig Prozent unserer freien Willensentscheidung zugänglich. Ob man das als »viel« oder »wenig« empfindet, hängt von jedem selber ab. Allerdings gebe ich zu bedenken: wie viele von uns sind in der Lage, fünfundzwanzig Prozent unseres Lebens wirklich frei, bewusst und schöpferisch, positiv, nützlich, sozial und mutig, wach, sensibel und liebevoll zu gestalten? Sie merken, dass ich persönlich die mir von der Karmalehre zugestandenen fünfundzwanzig Prozent als ausreichend empfinde.

Die Karmalehre spricht übrigens von drei »Sorten« oder »Bündeln« von Karma oder Wirkungen oder Energien, die man ziemlich klar voneinander unterscheiden kann. Zur Erinnerung:

Es gibt ein Bündel von Energiewirkungen, die auf frühere Leben zurückgehen sollen, das die fünfundsiebzig Prozent Karma ausmacht, die unser jetziges Leben in großem Umfang bestimmen.

Es gibt ein zweites Bündel, besser: ein ganzes Lagerhaus, von Energien, das alle Wirkungen aller in früheren Leben von uns ausgelösten Ursachen umfasst, die nicht in diesem Leben zum Tragen kommen.

Schließlich gibt es ein drittes Bündel von Energien, die wir durch die fünfundzwanzig Prozent freie (und leider eben meist nicht recht bewusste oder gar »gute«) Willensausübung in diesem Leben auslösen, die aber in diesem Leben noch keine Auswirkungsmöglichkeit erfahren.

Der in die geistige Welt 1974 hinübergegangene Meditationsmeister Sant Kirpal Singh beschrieb das in seinem Buch *Karma – Das Gesetz von Ursache und Wirkung.*

»Die Karmas sind von den Heiligen in drei bestimmte Kategorien eingeteilt worden:

1. Sanchit: angesammelte und aufgespeicherte Karmas, die weit in die Inkarnationen der unbekannten Vergangenheit zurückreichen.
2. Pralabdh: Fügung, Schicksal oder Bestimmung oder der Teil aus dem Sanchit (Vorrats-)Karma, der eines Menschen lebendige Gegenwart bildet, welcher niemand entgehen kann, wie sehr man dies auch wünschen oder versuchen mag.
3. Kriyaman: die Karmas, die einer als frei Handelnder in der gegenwärtigen irdischen Existenz oder Zeitspanne zwanglos ausführen kann und durch die er seine Zukunft bestimmt, sei es zum Guten oder zum Schlechten.« (zitiert von S. 22; siehe Literaturhinweise.)

Grundlage für diese »Drei-Karma-Lehre« ist die physikalische, psychologische und esoterische Erfahrung, dass Energien sich nie auflösen und dass sowohl Bewusstseinsvorgänge wie Handlungsweisen Energieformen sind, die als Ursachen irgendwann einmal entsprechende Wirkungen nach sich ziehen werden. Nach indischen Begriffen heißen diese drei Karmaarten, die nach ihrer zeitlichen Wirksamkeit unterteilt werden: Sanchit-Karma als Lagerhauskarma, Pralabdh-Karma als derzeitiges Lebenskarma und Kriyaman-Karma als in diesem Leben verursachtes und neu ins Lagerhaus zu übertragende Karma.

Wie ließe sich der anscheinend ewige Zyklus aus Geburt, Tod und Wiedergeburt beenden, der gespeist wird aus unserer Natur, immerfort zu denken, zu fühlen und zu handeln und damit den Kreislauf von Ursachen und Wirkungen unaufhörlich in Gang zu halten? Können wir »aussteigen«? Denn nach dieser Auffassung sind letztlich wir selbst dafür verantwortlich, dass es uns gibt und wie es uns gibt! Die Karmalehre konfrontiert uns also mit paradoxen und unauflösbar erscheinenden Problemen, wie das Christentum.

Dort schafft ein Gott ein Paradies und bringt nach seinem Bild geschaffene Menschen hervor, wird aber angeblich über ein Fehlverhalten seiner selbst geschaffenen Geschöpfe so zornig, dass er sie aus dem Paradies verbannt. Er erlegt wegen dieses Fehlverhaltens jedem Nachkommen dieser Menschen eine unauslöschliche Erbschuld oder Erbsünde mit in die Wiege und opfert schließlich seinen eigenen Sohn, um mit dessen Blut die Erbschuld wieder abzuwaschen.

Wem gegenüber bestünde diese Schuld? Gott gegenüber? Wenn Gott eine Schuld durch das Blut seines Sohnes (oder, wie andere glauben, durch eigenes Leiden in seiner Verkörperung in Jesus Christus) ausgleichen wollte, wer wäre der Gläubiger? Doch wohl nicht der »Teufel«, der sein Werken und Wirken doch nur innerhalb des ihm von Gott zugestandenen Spielraums ausführt. Ist Gott also selbst der Gläubiger der Erbschuld?

Diese bald absurden, bald makabren Annahmen stellen wesentliche, wenn auch verquere Grundzüge einer leider üblichen und unreflektierten »christlichen« Vorstellungswelt dar – eine andere Lesart stelle ich Ihnen später vor.

In der Karmalehre weben wir als ein ohne offensichtlichen Grund in die Schöpfung geworfenes Wesen unaufhörlich ein gigantisches Spinnennetz von Ursachen, die immer wieder aufs Neue Wirkungen hervorbringen, die von uns durchlebt werden müssen, derweil wir nicht umhin können, durch unsere schiere Existenz neue Ursachen zu schaffen. Wir blieben damit in selbst geschaffenen guten und schlechten Lebensformen mit entsprechenden Erlebnismöglichkeiten und uns verborgenen Beweggründen – da wir unsere früheren Leben meist nicht sehen, und dementsprechend auch keine bewusste Lernerfahrung gewinnen können.

Man nennt das Schauspiel, das Drama des Lebens, in der indischen Philosophie auch gern »Leela«, »das Spiel Gottes«. Falls unser Leben wirklich das »Spiel« einer Schöpferkraft sein sollte, so ist es häufig genug – vor allem, wenn wir leiden –, mit einem lieben väterlichen Freund zu sprechen, ein »Scheißspiel«.

Ein häufiger Einwand gegen die Karmalehre, den ich nicht als stichhaltig betrachte, lautet so: Es kann doch nicht selbst geschaffen oder gar selbst verschuldet sein, dass im Hitlerreich Millionen von Juden verfolgt, gequält und ermordet worden sind. Also kann die Karmalehre nicht stimmen. Dieselbe Haltung lässt sich auf die Opfer des Stalinismus, auf den Völkermord an den Armeniern am Anfang unseres Jahrhunderts und auf alle durch Menschen ausgeführten oder durch Naturereignisse bedingten Katastrophen ausdehnen, denen Menschen zum Opfer fallen.

Die Karmalehre erlaubt zwei Antworten:

Es bleibt durchaus im Rahmen der fünfundzwanzig Prozent Spielraum für den freien Willen, dem Bösen zu widerstehen und sich weder aktiv noch passiv daran zu beteiligen. Der Film Schindlers Liste und die nachfolgenden Diskussionen und Darstellungen ähnlicher Beispiele haben erneut unterstrichen, dass dort, wo Menschen beteiligt sind, Menschen auch einen Freiraum für eigene Entscheidungen besitzen. Ob dieser Spielraum genutzt wird oder nicht, begründet das wahre Maß an Freiheit, das ein Mensch zu leben bereit ist. Schuld, wie der richtungsweisende Psychiater und Begründer der Logotherapie (»sinnzentrierte Psychotherapie«), der Österreicher Viktor Frankl, in einem ORF-Fernsehinterview sagte, Schuld ist immer personenbezogen, immer individuell – Scham übrigens auch. Viktor Frankl war drei Jahre lang in vier Konzentrationslagern eingesperrt und wurde gequält, wie unzählige andere Menschen. Er sagte übrigens von sich, dass er nur überleben konnte, weil er bewusst, hingebungsvoll und zäh einem Lebenssinn folgte.

Die zweite mögliche Antwort der Karmalehre, Schlimmes widerfahre immer nur jenen Menschen, die selber in einem früheren Leben Anderen Schlimmes angetan hätten, stimmt zwar vielleicht. Ich persönlich kann sie jedoch nicht so einfach annehmen, weil darin ein Stück esoterisch verbrämter Verharmlosung, Teilnahmslosigkeit oder gar die versuchte Scheinlegitimierung unvorstellbarer Greueltaten mitschwingen könnte. Ich meine, dass der freie Willen, zum Beispiel jene fünfundzwanzig Prozent der Karmalehre, durchaus dafür verantwortlich gemacht werden müssen, wenn wir Menschen uns gegenseitig knechten, ausbeuten, foltern und ermorden. Hier sind meiner Ansicht nach wir selber und direkt gefragt, jeder Einzelne von uns, dass wir unser Leben anders gestalten.

Selbst die Bhagavad Gita, in der die Karmalehre am Beispiel des Prinzen Arjuna dargestellt wird, macht sehr deutlich, dass das Böse physisch bekämpft und das Gute aktiv und tatkräftig geschaffen werden muss. Allerdings geht es darum – und dass ist ein Hauptaspekt der Karmalehre –, das Notwendige ohne Egobeteiligung auszuführen. Man darf sich demnach nicht mit der Rolle, die man in diesem Leben spielt, identifizieren.

Wie verhält es sich allerdings, wenn bei Erdbeben, Flutwellen oder Verkehrsunglücken eine menschliche Einwirkung im Guten und im Bösen gar nicht stattfindet? Oder wie ist das mit angeborenen unheilbaren Krankheiten? Ist das dann auch »Karma« aus früheren Existenzen? Streng nach der Karmalehre passiert hier etwas, das – auf wenn auch undurchschaubare Weise – mit dem Einzelnen individuell irgendwie zu tun hat. Es gibt Vertreter der Karmalehre, die uns erklären, dass auch solche Naturkatastrophen nur Menschen treffen, deren »karmisches Konto« dadurch ausgeglichen wird. Ich gebe gern zu, dass ich nicht begreife, wie das im einzelnen zusammenhängen könnte.

Die Karmalehre an sich hebt jedoch die Qualität, Notwendigkeit und Wirksamkeit von Verantwortungsgefühl und wachem Bewusstsein, von menschlichem Mitgefühl und Liebe zu allen

Lebewesen keineswegs auf, sondern stellt diese Merkmale vielmehr in den Mittelpunkt des Lebens. Die Einsicht in die universelle Verwandtschaft aller Wesen begründet das Bemühen um die Verwirklichung dieser Merkmale ausdrücklich.

In beiden Lehren – der christlichen und der Karmalehre – spricht man von einer »göttlichen Gnade«, die – noch ein Paradoxon: »unverdient« – den Menschen zufließt, die sich aktiv und bewusst dafür zu öffnen bereit sind. Dass sie sich überhaupt dafür öffnen können, soll jedoch ebenfalls bereits die Wirkung eines Gnadenaktes sein.

Das war ein erster Durchgang, um uns mit manchen geistigen Herausforderungen und Schwierigkeiten des Themas handfest vertraut zu machen. Glauben Sie bitte nicht, dass ich das alles für einfach und klar halte. Es ist eher ein ziemlich undurchschaubarer Dschungel.

Deshalb hat die asiatische Philosophie den Begriff der *Maya* geprägt, der eben nicht »Illusion« bedeutet, sondern vielmehr die »Relativität von Denken und Fühlen« bezeichnet.

Denkerisch werden wir die Grenzen von Ratio und Logik nicht überschreiten können, denkerisch werden wir die Begrenzungen der Wahrnehmungsfähigkeit unserer Sinne und der Verarbeitungskapazität unseres Verstandes nicht bewältigen können.

Dazu bedarf es statt dessen einer Ablösung vom Alltagsdenken und der Entfaltung eines ganz anderen Bewusstseins. Im Tal überschauen wir nur wenig, von der Bergspitze aus sehr viel mehr. Der Weg der Mystik, der unmittelbaren inneren Schau und Teilhabe an der schöpferischen Kraft, öffnet uns diese Entfaltungsmöglichkeit.

Zum Abschluss dieses Kapitels etwas leichtere Kost: Aphorismen berühmter Menschen zu Aspekten unseres Themas. Sie vermitteln eine willkommene zusätzliche Anregung, sich auf poetische Weise dafür zu öffnen.

Dein Schicksal ist der Nachklang und das Resultat deines Charakters.
– Johann Gottfried Herder

Nenne nicht das Schicksal grausam, nenne seinen Schluss nicht Neid; sein Gesetz ist ew'ge Wahrheit, seine Güte Götterklarheit, seine Macht Notwendigkeit.
– Johann Gottfried Herder

Das Schicksal nimmt nichts, was es nicht gegeben hat.
– Lucius Annaeus Seneca

Unsere Schicksale kommen aus uns selbst
wie die Wolken nur aus der Erde.
– Karl Gutzkow

Gewiss ist es fast noch wichtiger, wie der Mensch sein Schicksal nimmt, als wie sein Schicksal ist.
– Wilhelm von Humboldt

Die Menschen werfen alle ihre Dummheiten auf einen Haufen, konstruieren ein Ungeheuer und nenne es Schicksal.
– John Oliver Hobbes

Das Schicksal gewährt uns unsere Wünsche, aber auf seine Weise.
– Johann Wolfgang von Goethe

Zufall ist ein Wort ohne Sinn; nichts kann ohne Ursachen existieren.
– Voltaire

Das Wort Zufall ist Gotteslästerung. Nichts unter der Sonne ist Zufall.
– Gottfried Ephraim Lessing

Die Menschen haben sich im Zufall ein Trugbild geschaffen, eine Ausrede für ihre eigene Torheit.
– Demokrit

Zufall ist das Pseudonym Gottes, wenn er nicht persönlich unterschreiben will.
– Anatole France

Auch das Zufälligste ist nur ein auf entfernterem Wege herangekommenes Notwendiges.
– Arthur Schopenhauer

Es gibt keinen Zufall. Und was uns blindes Ohngefähr nur dünkt, gerade das steigt aus den tiefsten Quellen.
– Friedrich von Schiller

Die Sache haben sie gesehen, die Ursache haben sie nicht gesehen.
– Augustinus

Der Ursprung aller Dinge ist klein.
– Marcus Tullius Cicero

Die menschliche Freiheit besteht lediglich darin, dass sich die Menschen ihres Wollens bewusst und der Ursachen, von denen sie bestimmt werden, unbewusst sind.
– Baruch Spinoza

Gott dienen ist Freiheit.
– Lucius Annaeus Seneca

O könnte man im Buch des Schicksals doch nur lesen!
– William Shakespeare

Genau das haben Menschen immer wieder versucht, nicht nur durch Besuche in indischen Palmblattbibliotheken. Wir sind jetzt mittendrin im Labyrinth der Lebensfragen und wollen uns ansehen, wie Menschen in Vergangenheit und Gegenwart einen Ariadnefaden suchten, anhand dessen sie wieder aus diesem Labyrinth herausfinden konnten.

3 Lesen im Goldenen Buch

Vom Orakel zu Delphi zu modernen Versuchen, die Zukunft zu erfassen

Wenn du den großen Fluss überschreitest, wirst du ein mächtiges Reich zerstören. Mit diesem Orakelspruch aus Delphi vermeintlich gut gewappnet, zog der Lyderkönig Krösus gegen den Perserkönig Kyros in den Krieg. Indes: Krösus selbst wurde vernichtend geschlagen, *sein* Reich wurde zerstört.

Krösus wurde vom Sieger Kyros gestattet, seine Handfesseln auf die Treppen des Orakeltempels legen zu lassen. Dazu übermittelte er eine Frage an die Pythia beziehungsweise ihren Gott Apollo: Ob sich denn der Gott nicht schäme, Krösus zum Feldzug gegen die Perser veranlasst zu haben und ob es Brauch bei den griechischen Göttern sei, kostbare Geschenke, die er, Krösus, Apollo gemacht habe, so undankbar zu belohnen.

Als ein Teil der Antwort wird folgender Spruch überliefert: »Du, großer König, hättest dich fragen müssen, ob dein eigenes Reich oder das des Kyros gemeint war. Du hättest dich noch einmal beraten lassen sollen.« Erinnern wir uns, was in den Marmor über dem Orakeltempel eingemeißelt war: »Mensch, erkenne dich selbst.«

Seit Menschengedenken versuchen Herrscher und Priester, Kaufleute und Krieger, Landwirte und Handwerker, Männer und Frauen aus allen Schichten und Berufen, dem Dunkel der unseren sterblichen Augen verhüllten Zukunft etwas zu entreißen. Wer möchte nicht gern wissen, ob und wie eine Krankheit geheilt werden darf, ob man ein Examen bestehen kann, ob eine erste

Bekanntschaft wirklich die große Liebe wird, ob ein Geschäft den erhofften Erfolg bringt, ob, ob, ob …

Falls Zukunftsorakel hundertprozentig »stimmten«, würde das bedeuten, dass die Zukunft hundertprozentig festgelegt ist. Das scheint jedoch nicht der Fall zu sein. Nicht nur wegen der Zweideutigkeit vieler Weissagungen und weil sie gar keine Ereignisse, sondern Entwicklungsmöglichkeiten beschrieben, vielmehr auch angesichts der Tatsache, dass die überwiegende Mehrheit von Zukunftsprognosen einfach unzutreffend sind. Das gilt sowohl für antike wie für moderne, für visionär empfangene, okkult errechnete, »medial« erfühlte oder »wissenschaftlich« kalkulierte Prognosen. Wir werden einige Beispiele dafür noch kennenlernen.

Unbestreitbar ist jedoch die Faszination, die jeder Zukunftsschau zu eigen ist, komme sie in einem schlichten Gewande daher wie Kindervisionen von Fatima oder undurchschaubar wie die indischen Palmblattoffenbarungen.

»Das erste historisch greifbare und exakt datierbare Orakel erteilte (der ägyptische Gott) Amun am 1. Mai 1490 v. Chr. Das Datum ist deshalb so genau zu bestimmen, weil zeitgenössische Inschriften gleichzeitig zwei Neumonddaten nenne, mit deren Hilfe Astronomen den Tag errechneten. An diesem Tag führten die Amun-Priester von Theben, wenige Kilometer von der heutigen Stadt Luxor entfernt, einen Staatsstreich durch. Und dazu missbrauchten sie eine offenbar schon damals anerkannte Institution, das Orakel.« (zitiert aus *Das Geheimnis der Orakel* von Philip Vandenberg, S. 82)

Prophezeiungen im alten Griechenland

Die interessantesten und bedeutendsten Orakel der Antike befanden sich jedoch im griechischen Kulturraum. Vandenberg nennt mehr als ein Dutzend. Unter ihnen waren Delphi, Didyma und Klaros dem Sonnengott Apollo geweiht, der dort für die Orakelsprüche verantwortlich zeichnete, während sich in Dodona Göttervater Zeus höchstselbst vernehmen ließ.

Manly Palmer Hall, der große amerikanische Philosoph, Esoteriker und Begründer der »Philosophical Research Society« geht in seinem Buch *The Secret Teachings of All Ages* (Die geheimen Lehren aller Zeitalter; siehe Literaturhinweise) auf esoterische Hintergründe der berühmtesten griechischen Orakel näher ein.

Das Orakel von Delphi soll möglicherweise deshalb so geheißen haben, weil die Höhle und der Zutritt zu ihr einem Schoß ähnelte und Schoß griechisch »delphos« heißt. Der ursprüngliche Name dieses Orakels soll »Pytho« gewesen sein, nach der Pythonschlange, einem Ungeheuer, das als einziges die große Flut überlebt hatte, die alle Menschen bis auf Deukalion und Pyrrha verschlang. Apollo erstieg den Berg Parnassus, kämpfte und erschlug die Schlange und warf ihren Körper hinunter in die Öffnung des späteren Orakels. Mit Dionysos teilte sich Apollo die Ehre, Schutzpatron des delphischen Orakels zu sein. Dort saßen Priesterinnen, die Pythien, über der Öffnung, umweht von möglicherweise halluzinogenen Dämpfen und sprachen wie von einer anderen Wesenheit besessen. Zunächst ließ sich der Gott durch sie nur an jedem siebten Geburtstag vernehmen; der Ansturm von Fragestellern wuchs jedoch so stark, dass jeden Monat einmal die Himmelsmächte bemüht werden mussten. Das alles machte sich übrigens bekanntlich für die Bevölkerung und das Stadtwesen von Delphi sehr bezahlt.

Da gab es die »wispernden Eichen« und die »sprechenden Kessel« von Dodona, das Zeus-Jupiter unterstand. Auch durch eine berühmte Taube soll Gott bisweilen gesprochen haben, in griechischer Zunge übrigens, und es ging nicht nur um Antworten für Ratsuchende, sondern auch um allgemeine philosophische und religiöse Fragen. Die Rituale in Dodona sollen jenen der bretonischen und gallischen Druidenpriester stark geähnelt haben.

Da kannte man die Höhle von Trophonius, die eigentlich viel zu eng war, um einen Menschen aufzunehmen. Der Fragesteller legte zunächst sein Opfer zu Füßen einer Statue nieder, legte sodann besondere, geheiligte Gewänder an, erklomm den Hügel, wo sich die Höhle befand, mit einem Honigkuchen in einer Hand, und setzte sich am Rande der schmalen Öffnung nieder, wobei er seine Füße in die Höhle steckte. Daraufhin soll sein ganzer Körper wundersam wie mit einem Ruck in die Öffnung hineingezogen worden sein. Am Ende seiner Lesung wurde der Fragesteller wieder gewaltsam und mit den Füßen zuerst aus der Höhle herausgeschleudert.

Nahe der Höhle sprudelten zwei Quellen mit angeblich bemerkenswerten Eigenschaften aus der Erde, aus der die Ratsuchenden vor ihrem Besuch in der Höhle zu trinken aufgefordert wurden. Wenn man von der einen trank, vergaß man all seine irdischen Sorgen. Die andere schenkte die Gabe der Erinnerung an das, was sich später während der Zeit in der Höhle ereignen sollte.

Forscher gehen davon aus, dass die Fragesteller auch mit Hilfe von bestimmten Kräutern und Drogen in traum-, visions- oder rauschähnliche Zustände versetzt wurden, in denen sie allerlei Bilder erlebten, die später im Hinblick auf ihre Fragen interpretiert werden mussten.

Die sybillinischen Orakelbücher, die einige Tausend Hexameter mit prophetischen Sprüchen enthalten, sollen aus dem alten Ägypten stammen und mit Weißsagungen aus griechischen und römischen Quellen angereichert worden sein. Manche Forscher (so R. J. Stewart) datieren ihre Entstehung allerdings auf eine spätere Zeit, nämlich ins erste nachchristliche Jahrhundert. Auf jeden Fall waren sie weitverbreitet: In Italien, Spanien und Frankreich – Nostradamus hat sich daraus freizügig bedient – und sogar in Island fand man gedruckte Ausgaben davon.

Als der römische Kaiser Julianus, der nach Vandenberg ein Leben lang zwischen dem neuen Christentum und den alten »heidnischen« Traditionen geschwankt haben soll, nach dem Orakel von Delphi schickte, um zu erkunden, wie es wiederbelebt werden könnte, wurde ihm angeblich diese Antwort zuteil:

»Künde dem König, das schön gefügte Haus ist gefallen.
Phoibos Apollon besitzt keine Zuflucht mehr,
der heilige Lorbeer verwelkt,
Seine Quellen schweigen für immer,
verstummt ist das Murmeln des Wassers.«
(zitiert aus *Das Geheimnis der Orakel*, S. 340)

395 nach Christus ließ der nunmehr ganz und gar christliche römische Kaiser Theodosius das Orakel von Didyma schließen, 398 gab sein Sohn Arkadios den Auftrag zum Abriss des Orakeltempels in Delphi. Der intellektuellen Redlichkeit halber will ich nicht versäumen anzumerken, dass bei vielen der in vollendet gedrechselten Hexametern überlieferten Orakelsprüchen bezweifelt wird, ob die jeweilige Pythia das alles wirklich so gesagt habe. Manche Forscher gehen davon aus, dass die Orakelpriester und spätere Dichter diese Form der Verse erst aus und nach dem vermutlich sehr viel kürzeren und schlichteren Spruch der Pythia geschmiedet haben.

Prophezeiungen in Christentum und Judentum

Obwohl in der paulinisch geprägten christlichen Kirche Orakelsprüche meist als Teufelswerk angesehen wurden, finden wir doch in der Bibel ganze Bücher voller Prophezeiungen, die auch dementsprechend heißen.

Das geht vom Buch »Der Prophet Jesaja« über Jeremia, Hesekiel, Daniel und elf weitere »Propheten« bis zum Buch »Der Prophet Maleachi« und zur Johannesoffenbarung.

Die Heilige Schrift beschreibt nicht nur die Schöpfungsgeschichte aus jüdisch-alttestamentarischer Sicht und berichtet nicht nur über die Vor- und Frühgeschichte der sie tragenden Stämme, sie verkündet nicht nur die Worte des Jesus von Nazareth (soweit sie von Zeitgenossen und später Lebenden aufgezeichnet worden sein mögen), sondern sie räumt Prophezeiungen, die für die gesamte Menschheit gelten sollen, breitesten Raum ein. Orakel im weitesten Sinne galten uns Menschen immer etwas. Hall fragt zu Recht:

»Falls die Onyxsteine auf den Schultern des Hohepriesters Israels den Willen Jehovas durch ihr Aufblitzen kundtaten, dann konnte eine schwarze Taube, die vorübergehend die Gabe der Sprache besaß, tatsächlich Orakelsprüche im Tempel des Jupiter Ammon offenbaren. Falls die Hexe von Endor den Schatten Samuels beschwören konnte, der wiederum Saul Weißsagungen weitergab, konnte nicht eine Priesterin des Apollo den Geist ihres Schutzpatrons herbeirufen, um das Schicksal Griechenlands vorauszusagen?« (zitiert aus Hall, a. a.O., S. LXII)

Im Alten Testament lesen wir, dass sich zum Beispiel Joseph als Traumdeuter betätigte, für einfache Menschen und sogar für den Pharao, dem er den berühmten Traum von den sieben fetten und den sieben mageren Kühen auslegt. Joseph versichert zwar mehrfach, »Auslegen gehört zu Gott« und »Das (Deuten) gehört nicht zu mir«, fährt dann aber unbeirrt fort mit »doch erzählt's mir« und »Gott verkündet dem Pharao, was er vorhat« und interpretiert im folgenden die jeweiligen Träume in allen Einzelheiten. (Siehe 1. Buch Mose, Kapitel 40 und 41.)

Immer wieder lesen wir in der Bibel von »Zeichen und Wundern«, welche die Menschen offensichtlich über Gebühr ansprachen. Denn im 5. Buch Mose heißt es unter anderem:

»Wenn du in das Land kommst, das dir der HERR, dein Gott, geben wird, so sollst du nicht lernen, die Greuel dieser Völker zu tun, dass nicht jemand unter dir gefunden werde, der seinen Sohn oder seine Tochter durchs Feuer gehen lässt oder Wahrsagerei, Hellseherei, geheime Künste oder Zauberei treibt oder Bannungen oder Geisterbeschwörungen oder Zeichendeuterei vornimmt oder die Toten befragt … Denn diese Völker, deren Land du einnehmen wirst, hören auf Zeichendeuter und Wahrsager, dir aber hat der HERR, dein Gott, so etwas verwehrt.«

Da es ganz ohne Prophetie allerdings auch nicht zu gehen schien, wird unmittelbar darauf jedoch versprochen:

»Einen Propheten wie mich wird dir der HERR, dein Gott, erwecken aus dir und aus deinen Brüdern; dem sollt ihr gehorchen.« (5 Mos 18,9-11,14,15)

Das Bedürfnis von uns Menschen, unser Leben bedeutungsvoller und unseren Glauben fester zu machen durch das eigene Erleben übersinnlicher Vorkommnisse greift auch das Johannesevangelium kurz auf mit den Worten:

»Und Jesus sprach zu ihm: Wenn ihr nicht Zeichen und Wunder seht, so glaubt ihr nicht.« (Joh 4,48)

Wir dürfen getrost davon ausgehen, dass Prophezeiungen in jeglicher Hinsicht eine wichtige Rolle bei der Entstehung der jüdischen und der christlichen Religionsformen gespielt haben. Sei es, dass sie als Traum einer als möglich verheißenen Zukunft verstanden wurden und als göttlicher Auftrag, diese auf Erden zu verwirklichen. Sei es, dass sie das Ende der Welt, wie wir sie kennen, nach einem »jüngsten Gericht« beschreiben wollten. Wir brauchen nur in der Johannesoffenbarung von den apokalyptischen Schrecken einerseits und den Beglückungshoffnungen andererseits zu lesen.

Prophezeiungen bei Germanen und Kelten

Unter den germanischen Völkern spielte die Befragung von Orakeln, die Auslegung von Omen und die Deutung von Träumen ebenfalls eine wichtige Rolle. Der Flug von Vögeln und das Verhalten von Pferden wurde zur als möglich erhofften Vorausbestimmung von Schicksalsfragen ebenso herangezogen wie das Werfen von Holzstückchen, auf denen magische Zeichen oder die verschiedenen Runen eingeritzt waren. Bei Germanen und Kelten spielten die heiligen Haine als Ort der Einstimmung auf die übermenschlichen Schicksalskräfte der Götter bekanntlich eine wichtige Rolle. Das unterscheidet sie von den Südländern, die vorzugsweise für diesen Zweck bestimmte Gebäude aufsuchten, auch wenn diese über einer Felsspalte oder einer Quelle errichtet worden waren.

Bezüge zwischen griechischen Orakelpraktiken und keltischen Bräuchen wurden oben kurz gestreift. Stonehenge ist ein weithin sichtbares Beispiel dafür, wie nicht nur die in südlichen Landstrichen beheimateten Sumerer und Babylonier Astrologie-Astronomie als Mittel der Vorausschau benutzt haben, sondern eben auch »Nordländer«.

Man weiß heute, dass sich mit Hilfe der riesigen Megalithe der mystischen Anlage von Stonehenge in der englischen Grafschaft Wiltshire Sonnen- und Mondstände vorausberechnen ließen, Finsternisse und Sonnenwenden, und vermutlich noch vieles mehr, was unserer heutigen Erkenntnis entzogen bleibt.

Obwohl wir sehr viel weniger Fundgegenstände und schriftliche Zeugnisse über Orte, Techniken und Einflüsse auf historische Ereignisse aus diesem Siedlungsraum besitzen als aus den Mittelmeerkulturen, gilt jedoch als gesichert, dass auch Kelten und Germanen Orakel befragten und schätzten.

Was sind Prophezeiungen?

Die Vorstellung einer starren und umfassenden Vorherbestimmung (Prädestination) müssen wir sicher ablegen. Sonst würden wir dogmatischen Lehren Tür und Tor öffnen. Ein völlig freier Wille kann jedoch sicher auch nicht existieren, denn unser Leben besteht aus Erbanlagen und sozialen Bedingungen, und vor allem aus unserer Interaktion zwischen vielen verschiedenen Menschen, die alle irgendeine Wirkung auf uns haben, auch wenn wir diese Wirkung vielleicht nicht genau bestimmen können. Ein Prophet spürt oder erkennt Potenziale und beschreibt, wie sich diese Möglichkeiten, die in den Menschen und ihren Prozessen bzw. in der Natur angelegt sind, sich äußerlich manifestieren können.

R. J. Stewart unterscheidet deutlich zwischen drei Arten von Zukunftsschau:

- Prophezeiungen, die auf visionären Einblicken in göttliche bzw. kosmische Zusammenhänge beruhen;
- Weissagungen, die sich auf Weitblick stützen; und
- Wahrsagerei, die sich bestimmter Techniken bedient (zum Beispiel Karten).

Die erste Art der Zukunftsschau stamme aus der rein geistigen Sphäre und erfolge ganz selbstlos. Beispiele dafür seien die biblischen Propheten. Die zweite Art sei in seelischen Dimensionen zuhause und könne, obwohl vielleicht auf einwandfreien Motivationen basierend, missbraucht werden. Die dritte Art schließlich wird aufgrund eigener (meist finanzieller) Interessen ausgeübt und bezieht sich auf bestimmte Schichten des Unterbewusstseins und/oder des Unbewussten.

Der Ansicht, dass Prophezeiungen wirklich aus kosmischen oder göttlichen Ebenen stammten und ganz selbstlos erfolgten, kann ich mich nicht anschließen. Allzu oft werden sie nicht nur von späteren selbsternannten Exegeten im Rahmen dogmatischer religiöser Systeme missbraucht, sondern häufig entstehen sie, weil ein psychischer Druck des »Propheten« durch ihre Formulierung und Niederschrift ein notwendiges Ventil findet. Dann dienen sie zuallererst der Bewältigung eigener Urängste. Manchmal sollen sie auch vermitteln, dass der Urheber eine enge Beziehung zur Schöpferkraft unterhalte und zum Träger wichtiger Botschaften an die übrige Menschheit geworden sei. Damit wird ebenfalls vor allem ein Ich-Trieb befriedigt. Von wahren Mystikern sind Weltuntergangsprophezeiungen oder furchteinflößende individuelle Voraussagen jedenfalls nicht bekannt.

Moderne Orakel

Wenden wir uns modernen Versuchen zu, mit Hilfe »wissenschaftlicher« Berechnungen die Zukunft zu erkennen, bevor sie zur Gegenwart geworden ist. Sie erinnern sich bestimmt noch an die düsteren Voraussagen des *Club of Rome* zur ökologischen Zukunft der Erde Anfang der siebziger Jahre. Da war von einem fast sicheren Ende aller Zivilisation, wie wir sie heute kennen, die Rede, weil wir Menschen (vor allem im industrialisierten Norden) die Erde und ihre Schätze – Wasser, Luft, tropische Regenwälder und andere Baumbestände, Pflanzenvielfalt und Tierreichtum sowie Bodenschätze – sinnlos ausbeuteten und unwiederbringlich verschwendeten. Das führe, so hieß es, besonders auch angesichts des ungebremsten Bevölkerungszuwachses, irreversibel in die Umweltkatastrophe: fehlende Nahrungsmittel für die neuen Milliarden, todbringende epidemische Hungersnöte, schreckliche Umweltkrankheiten aufgrund der industriellen Verschmutzung von Atemluft und Trinkwasser, soziale Katastrophen als Folge des verstärkten Verteilungskampfes, Zusammenbruch der Weltwirtschaft und schließlich das Ende aller Ordnung.

Dass es bislang, Gott sei Dank, noch nicht soweit gekommen ist, hat viele Ursachen, auf die ich im Rahmen dieses Buches nicht näher eingehen kann. Damit Sie mich bitte nicht missverstehen: Ich bin für Warnungen vor dem ökologischen Raubbau und für Aufforderungen zum bewussteren Leben (denken wir nur an BSE, MKS etc.!). Aber ich lehne jede, auch jede wissenschaftlich verbrämte, Angstmacherei ab. Immerhin hat eine neue Studie der Weltlandwirtschaft erbracht, dass trotz der immensen Bevölkerungszunahme die Nahrungsmittelproduktion ebenfalls – und zwar überproportional! – gesteigert werden konnte. Eine echte Nahrungsmittelknappheit existiert nicht, sondern ein wahnwitziges inhumanes Verteilsystem und sogar Lebensmittel-Vernichtungsstrategien. Man denke nur an die EU-Politik.

Vielleicht hat jedoch die warnende Wirkung der drastischen Prognosen auch mit zu einer Bewusstwerdung und Verhaltensänderung beigetragen. Dann müsste man feststellen, dass eine wissenschaftlich ermittelte Zukunftsschau, die sich als »falsch« herausstellt, eben nicht die tatsächliche Zukunft, sondern nur die Extrapolation von heutigen Gewohnheiten und Annahmen in eine Zukunft zum Inhalt hat. Daraus könnte sich unter anderem ergeben, dass jede auf diese Weise betriebene Vorausschau in Wirklichkeit nichts mit dem tatsächlichen Geschehen der Zukunft zu tun hat, sondern vielmehr die gegenwärtige Gedankenwelt und Gemütslandschaft beschreibt. Schicksal wäre dann nicht wissenschaftlich feststellbar, sondern bliebe dem Zugriff der vermeintlichen Verstandeswerkzeuge nach wie vor entzogen.

Diese etwas kritischen Bemerkungen mache ich, damit wir die meines Erachtens nach notwendige Distanz bei allen Prophezeiungen behalten, kommen sie nun aus dem religiösen-visionären, dem esoterisch-medialen oder dem wissenschaftlich-rationalen Raum. Schauen wir vor diesem Hintergrund nun zwei zeitgenössische Zukunftsbilder an, die sich auf Erhebungen mit historischen, wirtschaftlichen, soziologischen und statistischen Mitteln beziehen.

Im modernen Sprachgebrauch nennt man das »Trendanalyse«, und das klingt ja auch wirklich seriöser (und ist bei gut zahlenden Klienten aus Wirtschaft, Politik und Massenmedien verkäuflicher) als »Orakelbefragung« oder »Channeln«, als »Vision« oder »intuitive Schau«.

Bei manchen angeblich wissenschaftlich eruierten Trendanalysen verhält es sich ähnlich wie bei den Nostradamus-Versen: Düstere Katastrophengemälde sind beliebter als die Klänge von Friedensschalmeien, Angstmache verkauft sich besser als irgendein Hoffnungsschimmer, scheinbar unlösbare Probleme geben mehr Gesprächsstoff her als konstruktive Anleitungen zu deren Lösung. So sind wir Menschen offensichtlich nun einmal.

Ein Orakel zum 21. Jahrhundert

Der Bestseller *In Vorbereitung auf das 21. Jahrhundert* des Historikers Paul Kennedy wollte die »Tendenzen des globalen Wandels (analysieren), welche unser Leben in den nächsten Jahrzehnten formen werden.« Also ein typisches Orakelbuch, das sich allerdings nicht Einzelschicksalen, sondern der Entwicklung gleich der ganzen Erde widmet.

Der Verfasser meinte darin unter anderem, dass die Menschheit nicht nur mit vorübergehenden Entwicklungen zu kämpfen habe, welche die Beziehungen zwischen einzelnen Gesellschaften bedrohten, sondern dass unter Umständen sogar die Existenz der ganzen Menschheit auf dem Spiel stünde. Weiter glaubt er, dass es unvorstellbar sei, dass die Erde eine Weltbevölkerung von 10 Milliarden Menschen ertragen könne, weil dann nämlich so schwere und irreversible Schäden an der Natur – an Wasser, Wäldern, landwirtschaftlich nutzbaren Böden und Luftbelastung sowie eine rapide und folgenreiche Verringerung der Artenvielfalt – entstünden. Außerdem würden gewisse ökonomische Schwellen überschritten, unterhalb derer sich die Wirtschaft noch organisieren lasse, so dass nun eine einigermaßen ausreichende Versorgung aller gefährdet sei. Kennedy glaubte sogar voraussehen bzw. befürchten zu müssen, dass die Bio-Tech-Revolution die Landwirtschaft an sich überflüssig machen könnte. Die Folgen dieser Szenarien wären dann, so meinte er, Handelskriege und soziale Unruhen, die durch das Verhalten der so genannten Multis (der international agierenden Konzerne, die mehr Wirtschafts- und Finanzmacht besitzen als die meisten mittleren und kleineren Staaten) noch verschärft würden. Der Autor dieser düsteren Prognosen gibt sich angesichts der Geschwindigkeit und Komplexität des Wandels der globalen Entwicklung eher verzweifelt und kann keine sozialen Gruppen entdecken, die auf das 21. Jahrhundert wirklich vorbereitet sind.

Wenn das nicht typische Katastrophenprognosen sind, die man jedem Menschen ohne Professorentitel als unseriöse Angstmacherei um die Ohren hauen würde. Schlimme Vorahnungen, die allerdings mit »vielleicht«, »könnten« und »möglich« weniger angreifbar gemacht werden sollen, haben leider mehr Konjunktur als Versuche, kreative Kräfte zu stärken. Einer dieser wenigen positiven Versuche kommt ebenfalls aus Amerika, von der Marketingforscherin Faith Popcorn. In den Medien und PR-Broschüren ihres US- Verlages heißt sie »Der Nostradamus des Marketing«. Sie hilft Konzernen, das zukünftige Verhalten von Menschen »vorauszusehen«. Das ist für diese Firmen nützlich, weil sie gern wissen wollen, welche Produkte und Dienstleistungen von den Menschen der Zukunft am liebsten gekauft werden. Faith Popcorns Prognosen haben also den Vorzug, überprüft zu werden und sich in der Wirklichkeit als richtige Zukunftsvoraussagen bewähren zu müssen – sonst blieben bezahlte Aufträge bald aus.

Faith Popcorn und unsere Zukunft

New York: die Finanzmetropole der Weltmacht USA. Von der Universität an die Wall Street. Hier suchen Ökonomen und Marketingspezialisten, Volkswirte und Kaufleute nach weltweit gültigen Formeln für Produktivität und Rentabilität. Dabei gehen Wirtschaftler ähnlich vor wie Physiker. Quantenphysiker fragen: Was werden Millionen von Atomteilchen als nächstes tun? Ökonomen fragen: Was werden Millionen von Menschen als nächstes kaufen? Kann man vorhersehen, welche Firmen an der Börse gefragt sind und steigen und welche fallen? Herrscht der »Zufall«, wirkt ein »Schicksal« oder haben wir es mit vielen, auf komplexe Weise miteinander verflochtenen selbsterzeugten Ursachen zu tun, die auf eine immer noch nicht vorhersehbare und vorausberechenbare Weise zu diesen oder jenen Kursen führen?

Es geht um Wahrscheinlichkeiten und Trends, auch am »Brain-Reserve«-Institut von Faith Popcorn. Sie sagt aufgrund von Daten aus Wirtschaft und Gesellschaft, aus Kultur und Massenmedien das Verhalten von einer Mehrzahl von Konsumenten voraus. Sie schrieb gestern schon, was Menschen morgen tun werden und scheint damit Recht zu behalten.

In ihrem Buch *Der Popcorn-Report – Trends für die Zukunft* stellt sie zwei Szenarios an den Anfang: ein pessimistisches

Zukunftsbild mit Giftmüllbergen, von Kriminellen beherrschten Strassen und einem drittrangigen Amerika sowie ein positives mit Firmen, die umweltgerecht und sozial arbeiten, durch Nachbarschaftshilfe verbesserten Lebensbedingungen und einem gesunden Amerika. Sie beschreibt ihre eigene Überzeugung so:

»Das zweite Szenario wird siegen – die bewahrende und rettende Vision. Das ist die Zukunft, die die Verbraucher wollen. Wenn wir eine gewisse Zeitlang unglücklich waren und nur Katastrophen gesehen haben, dann verspüren wir den Drang, unsere Sichtweise zu verändern. Und dann verändern wir sie auch.«

Faith Popcorn, die wir auch für unsere ZDF-Dokumentation »Es steht geschrieben« befragt hatten, nennt zehn angebliche Zukunftstrends. Einige davon möchte ich hier kurz erwähnen.

Kokon-Leben: Wir werden uns danach mehr auf uns selbst besinnen, mehr zu Hause bleiben, zu Hause arbeiten (am Computer), von zu Hause aus einkaufen (per Versandkatalog, über Telefon, im »Tele-Shopping«).

Fantasy-Abenteuer: Ungewöhnliche Nahrungsmittel, ausgefallene Sportarten, weit von ihrem Ursprungsland nachgebaute exotische Landschaften und Gebäude werden uns das Gefühl vermitteln, dass unser Leben Spaß macht.

Aussteigen: »Soll das alles sein?« fragt sich der Mensch und Verbraucher der Zukunft und macht sich auf die Suche nach Produkten oder Dienstleistungen, die ihm mehr Sinn vermitteln.

Verlängertes Leben: Verbesserte Kosmetika, potentere Vitamine, neu entdeckte Pflanzen, eine spezielle Jugend- und Altersmedizin, ein anderes Lebensgefühl und ein höherer Selbstwert des älteren Menschen, mehr Berufe und Aktivitäten in weniger Jahren als früher in einem ganzen Leben – das alles soll uns helfen, dem Traum vom ewigen Leben zentimeterweise näher zu kommen.

Der bewusste Verbraucher: Wir werden Firmen ablehnen, die als umweltschädigend und/oder unsozial gegenüber ihren Mitarbeitern erkannt und gebrandmarkt werden. Wir werden Firmen vorziehen, deren Produkte und Dienstleistungen umweltschonend hergestellt sind, die sich gegenüber ihren Mitarbeitern als sozial und in ihrer Umgebung als »guter Nachbar« erweisen.

Ikonensturz: Wir wenden uns stärker gegen zu große und übermächtige Konzerne und Organisationen, gegen Institutionen, die sich nur aus der Tradition legitimieren sowie gegen dogmatisierende Ansprüche oder Verkündungen. Wir werden diese entweder umstürzen oder durch unsere Nichtbeachtung zum inneren Zusammenbruch bewegen.

S.O.S. – Save Our Society: Wir werden uns mehr in Aktivitäten engagieren, bei denen es ausdrücklich um die Veränderung unserer Erde zum Besseren geht.

Die Methode von Frau Popcorn und ihrem Institut, zu solchen und weiteren Zukunftsprognosen zu gelangen, ist verblüffend einfach. Die Mitarbeiterinnen werten laufend ausgewählte Zeitungen und Zeitschriften auf Berichte über Trends, Verbraucherverhalten und bevorstehende Entscheidungen der Wirtschaft aus und sie führen Gespräche mit führenden Persönlichkeiten der amerikanischen Gesellschaft. Neben typischen politischen, wirtschaftlichen, wissenschaftlich-technischen und kulturellen Publikationen finden auch »New-Age-Journale« Beachtung.

Zeitungslektüre statt vermeintlich wissenschaftlicher Untersuchungen als Orakelbasis, die gedruckte Wirklichkeit als Abbild der näheren Zukunft – eine Vorgehensweise, die auch etwas kurios wirken mag.

Lässt sich die Zukunft des Menschen, zumindest des Massenmenschen, tatsächlich so genau voraussagen? Es scheint fast so. Sind Menschen also nichts anderes als »Atomteilchen«, deren Verhalten sich zwar nicht einzeln für jeden Augenblick vorhersagen lässt, deren Kollektivverhalten man jedoch ziemlich genau vorausberechnen kann?

Noch zwei moderne Orakel

Börsenprognosen und Wettervorhersagen

Zwei weitere Beispiele für moderne Zukunftsforschung, die sich nicht recht von herkömmlicher Kaffeesatzleserei unterscheiden, sind auf dem Gebiet der Wettervorhersage und im Bereich der Börsenprognosen zu finden.

In unzähligen Börsenbriefen versuchen selbsternannte und oft mit phantasievollen Titeln als Ausweis ihrer Kompetenz versehene Wirtschaftsgurus vorauszusagen, was der Aktienindex insgesamt oder einzelne Titel morgen oder demnächst machen werden – sinken, steigen oder stagnieren. Nicht umsonst nennt man diese Art von Zukunftsschau Börsenspekulation. Viele Millionen Menschen verfolgen die täglichen Orakelsprüche ihrer Vorbeter mit derselben Faszination und Inbrunst wie Millionen anderer Menschen mit weniger Spielgeld in der Tasche die freundlichen Oberflächlichkeiten ihres Tageshoroskops als harmlose Unterhaltung allmorgendlich verschlingen. Wenn es tatsächlich eine »wissenschaftlich« erkennbare Systematik auf dem Aktienmarkt gäbe, dürfte es bald nur noch Gewinner geben, weil das erfolgreichere System schnell bekannt und sich durchsetzen würde.

Aus meiner Sicht handelt es sich bei allen Versuchen, die Börsenzukunft vorauszusehen, um eine Spökenkiekerei ersten Ranges, die für manche eine unterhaltsamere Form des Glückspiels darstellt, als in ein Casino zu gehen. Wir wollen unserem Schicksal ein Schnippchen schlagen, der Glücksgöttin in die Karten schauen und daraus unseren vermeintlichen Vorteil ziehen.

Die Wettervorhersage beruft sich auf eine eigene Wissenschaftsdisziplin, die Meteorologie. Wiewohl die großen Skizzen immerhin einigermaßen stimmen, kann auch dieser Zweig einer Zukunftsforschung zumindest mich nicht recht überzeugen. Sturmfluten und Erdbeben, der genaue Pfad todbringender Tornados und Hurrikans oder die katastrophalen Ausbrüche von Vulkanen entziehen sich noch ebenso der exakten Prognose wie die Wetterbedingungen im Kleinklima begrenzter Regionen und Landstriche. Man weiß inzwischen, dass ein Hoch oder ein Tief heraufzieht, weiß jedoch nicht, wo genau die Sonne scheint oder es regnen wird. Ich finde es übrigens viel spannender, wenn man das nicht genau weiß. Aber das ist zugegebenermaßen Ansichtssache.

Der berühmte *Hundertjährige Kalender* mit Bauernregeln zum Wettergeschehen und die Himmelsbeobachtungen von Indianern und Indern, um bestmögliche Zeiten für die Landwirtschaft vorauszuberechnen, haben sich anderer Methoden bedient als die heutige Meteorologie. Gemeinsam ist ihnen aber mit unseren Bemühungen um die Wettervorhersage, dass wir glauben, es nicht abwarten zu können, was die Zukunft bringt.

Im nächsten Kapitel holen wir noch weiter aus und hören, was führende Natur- und Geisteswissenschaftler auf die Frage zu sagen haben, ob es eine Art » Weltformel« gibt, die uns helfen könnte, den großen Kosmos und das Leben des kleinen Menschen besser zu verstehen.

4 Der Mythos von der Weltformel

Physik, Biologie, Mathematik, Psychologie und Religion auf der Suche nach Welt- und Schicksalsformeln

In diesem Abschnitt machen wir einen Ausflug in die Gefilde der Wissenschaft. Ich möchte Ihnen einige wesentliche Überlegungen zu unserem Generalthema vorstellen, die von führenden Köpfen aus aller Welt stammen. Diese Ansichten sind bitte als Mosaiksteine zu werten, die der geistigen Anregung dienen. Eine zusammenhängende Darstellung der gesamten Bandbreite zeitgenössischer wissenschaftlich-philosophischer Strömungen ist weder beabsichtigt noch wäre sie mir möglich.

Im Verlauf der erwähnten Dreharbeiten für das ZDF sowie bei anderen Gelegenheiten wurden die zitierten Wissenschaftler nach ihren Ansichten zu einer »Weltformel« befragt, in der sich die Quintessenz des modernen Wissens kondensieren lasse.

Vielleicht werden Sie ebenso überrascht sein wie wir, dass nicht nur Physiker nach einer Weltformel – nämlich nach der »general unified theory«, der vereinheitlichten Feldtheorie – suchen. Die Sehnsucht nach einer griffigen Formel, mit der sich alles Wesentliche oder Grundlegende beschreiben ließe, zieht sich vielmehr durch alle Forschungsdisziplinen, auch durch die geisteswissenschaftlichen.

Johannes von Buttlar möchte ich an dieser Stelle noch einmal ausdrücklich dafür danken, dass ich durch ihn eine Reihe von Persönlichkeiten kennenlernen durfte, nämlich die Professoren Steven Weinberg, Frank Drake, Roger Penrose, Rupert Sheldrake und Helmut Schmidt. Die Gespräche mit den Professoren Verena

Kast und Andreas Resch führte ich selber, den Nobelpreisträger Gerd Binnig kannte ich schon persönlich aus früheren Zeitschrifteninterviews. Mit den Professoren Jean Charon und Herbert Pietschmann hatte ich bereits vor mehreren Jahren Fernsehgespräche für den Bayerischen Rundfunk und für das ZDF geführt, und Professor White lernte ich aufgrund eines Berichts im amerikanischen Fernsehen kennen.

Eine neue Zukunft für die Menschheit?

Die Hochwüste bei Tucson in Arizona. Mächtige Saguaro-Kakteen recken ihre Arme empor. Gegen das gleißende Sonnenlicht heben sie sich vor dem blauen Himmel ab wie schwarze Schattenrisse eigentümlicher Wegweiser. Wir fahren an einem Straßenschild mit dem bezeichnenden Ortsnamen »Oracle Junction« vorbei. Unser ZDF-Team ist unterwegs zur »Biosphere II«.

Man kommt sich vor wie in einer Weltraumkolonie: silbrig schimmernde Kuppeln, gläserne Bauten, merkwürdige technische Großgebäude vor dem Hintergrund scharfzackiger Bergketten in der Weite der Wüste. Diese zweite Biosphäre ist nach dem Vorbild der ersten, der Erde, entstanden. Hier läuft auf einer Miniaturerde unter Glas ein Langzeitexperiment. Können Menschen in einer Kunstlandschaft mit Meer, Regenwald und Landwirtschaft im Kleinformat leben?

Ein privat finanziertes Wissenschaftsteam arbeitet an einer Weltformel des praktischen Überlebens. Es geht um eine Zufluchtsalternative, wenn unsere Umwelt einmal ganz zusammenbricht, es geht um den Entwurf für eine Langzeitkolonie im Weltraum. Auch das ist ein Versuch, das Schicksal aktiv selbst zu gestalten, bevor wir dessen Opfer werden! An diesem Ort begannen wir unsere Drehreise, hier überlegten wir einige der Fragen an unsere Gesprächspartner.

Die folgenden Aussagen zu Fragen nach dem Sinn des Lebens, dem Schicksal der Menschen und der Suche nach einer Weltformel sind manchmal provozierend, sie widersprechen sich bisweilen – doch anregend sind sie allemal.

Ist die Menschheit durch Zufall entstanden?

Die Universität von Austin, Texas. Hier hat der Physiker Steven Weinberg sein Büro. Mit dem Buch *Der Traum von der Einheit des Universums* ist er auch einer breiteren Öffentlichkeit bekannt geworden. Laufend erhält er Vorschläge für »Weltformeln«, in denen die letzten Rätsel des Universums erklärt werden sollen. Den Nobelpreisträger bewegen fundamentale Gesetze, die konzise Beschreibung der Naturkräfte und der Versuch, eine Weltformel zu formulieren.

Er zweifelt nicht daran, dass die moderne Physik näher daran sei als je zuvor, eine alles umfassende Weltformel zu formulieren. Er sieht große Fortschritte bei der Vereinheitlichung der Naturkräfte, unterschlägt natürlich auch nicht die noch zu lösenden Probleme. Professor Weinberg ist von der Überlegenheit der Wissenschaft überzeugt. Er meint, dass die Naturwissenschaft letztlich alle Fragen der Menschheit wird beantworten können. Wörtlich sagt er:

»Jede Frage, die man stellt – ob es um Menschen oder um Atomteilchen geht – kann, soweit man sie überhaupt beantworten kann, mit naturwissenschaftlichen Prinzipien erklärt werden.«

Zur Frage nach der Rolle der Menschen äußert er eine noch ungewöhnlichere Ansicht:

»Es gibt … historische Zufälle, die unerklärlich sind. Die Existenz von Menschen ist sicherlich das Ergebnis einer Reihe historischer Zufälle bei der Evolution von Leben auf dem Planeten, die niemals erklärt werden kann.«

In diesem Weltbild gibt es keinen Raum für das, was andere Menschen den Geist oder die Seele nennen, alles dreht sich um unpersönliche Gesetze. Wieder Professor Weinberg:

»Wir haben vielleicht gehofft, dass wir in den grundlegenden Naturgesetzen einen Bezug finden zum Leben, zur Intelligenz oder sogar zu uns Menschen – aber das scheint nicht der Fall zu sein. Natürlich haben wir die letzten Gesetze noch nicht, aber wir stellen zunehmend fest, dass die Naturgesetze in ihren Grundlagen unpersönlich sind, dass sie Leben oder Denken gar nicht wahrnehmen.

Wir leben offensichtlich nicht in einem Universum, das unseretwegen geschaffen wurde. Ich finde das etwas traurig – es wäre schön, wenn wir die erwählten Stars eines kosmischen Dramas wären – das scheinen wir aber nicht zu sein.«

Der Nobelpreisträger fährt tröstlicher fort:

»Es gibt aber einen Trost: wir selbst können dem Leben einen Sinn geben. Und das verleiht uns vielleicht mehr Würde, als wenn wir den Sinn aus einer vorherbestimmten Quelle entnähmen.«

Lässt sich alles, was sich überhaupt erklären lässt, tatsächlich immer mit der Naturwissenschaft in Verbindung bringen? Ist die Existenz der Menschheit auf der Erde wirklich nur eine Verkettung historischer Zufälle, ist die Menschheit also sozusagen zufällig aus dem Nichts oder dem Chaos entstanden? Kann etwas aus Nichts, kann Licht aus Dunkelheit, kann Bewusstsein aus Materie, kann Leben und Liebe, Sehnsucht und Sinn aus gar nichts entstehen?

Ist der Mensch nur »Nebenprodukt« einer unpersönlichen Evolution, die nach rein physikalischen Gesetzen abläuft? Bringt uns die Untersuchung immer kleinerer subatomarer Teilchen, deren Existenz oft nur hypothetisch postuliert, nicht aber experimentell nachgewiesen werden kann, einer » Wertformel« näher, die etwas mit unserem Leben zu tun hat?

Die Entwicklung der Naturgesetze ist noch nicht abgeschlossen

Universität München, IBM-Forschungsgruppe Physik, wir besuchen den deutschen Physik-Nobelpreisträger Gerd Binnig. Seine Ansichten sind offen, selbstkritisch; er scheint noch selber neugierig zu sein. Auch Gerd Binnig sucht nach einer Art von Weltformel:

»Wir untersuchen, was tote und lebendige Materie miteinander zu tun haben, was dem Geist und den Atomen gemeinsam ist. Das könnte man als Suche nach einer Weltformel der Verbindung bezeichnen. Und es gibt auch etwas Gemeinsames: Alles ist einmal geworden, alles ist Schritt für Schritt entstanden. Wir stellen fest, dass es für alle Entwicklungen ähnliche Kriterien gibt.«

Kann es überhaupt jemals so etwas wie eine Weltformel geben, die das ganze Leben in physikalisch-mathematischen Formeln beschreibt? Und würde eine solche Weltformel die letzten, unveränderlichen Naturgesetze beschreiben?

»Eine physikalische Weltformel könnte es vielleicht eines fernen Tages einmal geben, falls und wenn die Entwicklung wirklich abgeschlossen wäre. Aber für die ganze Welt, für das Leben eine Weltformel zu suchen, ist völlig hoffnungslos – weil sich das Leben eben noch in der Entwicklung befindet … Dazu müsste man ja in die Zukunft schauen können …

Falls die Evolution zu Ende und abgeschlossen wäre, wäre das Leben ja ebenfalls wie beendet, es gäbe dann so etwas wie eine perfekte Maschinerie – für mich ist das eine unangenehme Vorstellung. Aber dann könnte es vielleicht eine, wenn auch komplizierte, Weltformel geben.

Da sich die Natur entwickelt, müssen wir davon ausgehen, dass sich auch die Naturgesetze noch entwickeln, dass sie noch nicht fertig sind. Auch die Naturgesetze machen noch eine Evolution durch. … Nichts auf dieser Welt hat Bestand für alle Ewigkeit. Warum sollten ausgerechnet Naturgesetze eine Ausnahme machen?«

Das muss man wiederholen: Nur, was sich nicht mehr entwickelt, lässt sich mit Formeln beschreiben, so Physik-Nobelpreisträger

Professor Gerd Binnig. Nur, was »tot« ist, kann man ganz erklären. Und ein zweiter, revolutionärer Gedanke: Auch die vermeintlich so starr fixierten Naturgesetze sollen sich – so der Nobelpreisträger – verändern können!

Ein endgültiger Abschied also von den Vorstellungen, dass die Schöpfung vielleicht doch wie ein mechanisches Räderwerk »funktioniert«.

Aus einem Interview, das ich vor vielen Jahren mit Gerd Binnig für die Zeitschrift BIO führte, möchte ich noch einen weiteren Gedankengang von ihm vorstellen, der heute so aktuell ist wie damals. Ich fragte den Nobelpreisträger, was denn mit der psychischen Energie der individuellen Wirklichkeiten geschehe – ob diese mit dem Tod des Individuums »verloren gehe« oder nach dem physikalischen Gesetz der Energieerhaltung irgendwie erhalten bleibe.

»Ich glaube, dass die psychische Kraft, die von einer Person ausgeht, für alle Zeiten, auch nach ihrem Tod, weiterwirkt – auch wenn man diese Kraft nicht mehr genau lokalisieren kann. Sie geht nicht verloren, falls eine Zerstörung oder Selbstzerstörung der Menschheit abgewendet werden kann.

Aber abgesehen davon kommt es darauf an, wie man die Zeit sieht. Wenn man glaubt, dass sie sich im Nichts auflöst, dann hat man schon ein bestimmtes Bild von der Zeit: nämlich dass eine Entwicklung stattfindet und dass das, was einmal Vergangenheit war, nun fort sei. Vielleicht ist dieses Bild aber falsch.

Vielleicht gibt es einen solchen zeitlichen Ablauf gar nicht. Vielleicht existiert alles gleichzeitig; oder der Fluss der Zeit ist zumindest nicht so, wie wir uns das heute vorstellen. Das heißt, was einmal war, existiert für alle Zeiten. Vielleicht.

Aber ich möchte noch weiter ausholen. Unsere ganze Welt ist abgestimmt auf die Naturgesetze, die jetzt existieren. Wenn diese Gesetze sich nur ganz wenig ändern, wird unsere Welt bereits instabil oder sieht ganz anders aus. In den meisten Fällen würde sie wohl instabil werden und schließlich vollkommen verschwinden.

Und dann entstehen wieder Naturgesetze – nach welchen Gesetzen diese Naturgesetze entstehen, wissen wir nicht. Diese stabilisieren sich für eine gewisse Zeit und verändern sich dann wieder. Und jedes Mal entstehen Welten, die nach diesen Naturgesetzen funktionieren.

Sobald einmal die Naturgesetze entstanden sind, ist eigentlich alles vorgegeben. Danach gibt es dann eine Anzahl von Möglichkeiten, wie sich eine Welt entwickeln kann. In diesem Spektrum verschiedener Möglichkeiten sind alle Wirklichkeiten enthalten. Diejenige Realität, die sich dann zum Beispiel hier bei uns tatsächlich abspielt, ist nur eine von vermutlich unendlich vielen Möglichkeiten, die grundsätzlich angelegt sind.«

»Das bedeutet: Die jetzt und hier für uns stattfindende Wirklichkeit hat keine so große Bedeutung! Aus meiner Sicht ist diese realisierte Wirklichkeit nicht viel wichtiger als eine andere Möglichkeit, die vielleicht in einer späteren Welt nachgeholt wird.

Alle angelegten Möglichkeiten existieren potentiell und werden vielleicht irgendwann einmal auch real durchlebt. Die Grenzen zwischen Realität und angelegter Möglichkeit verwischen sich. Die sogenannte Realität ist nur eine von vielen möglichen Ausdrucksformen der jeweiligen Naturgesetze.

Ein Beispiel dafür: Wenn man sich nur vorstellt, man sei in einen Autounfall verwickelt, erschrickt man vielleicht schon, obwohl das ja noch gar keine Realität ist, nur eine Möglichkeit. Aber bereits die Vorstellung dieser Möglichkeit kann sehr schlimm sein. Die Grenzen zwischen Realität und Möglichkeit sind für jeden Menschen fließend, und das hat vor allem mit psychischen Realitäten zu tun. Für mich gibt es kaum einen Unterschied zwischen Möglichkeit und Realität.«

Soweit also Professor Binnig in einem ersten Ansatz, einige Aspekte dieses Themas kurz darzustellen.

PSI und Physik

Das Wunder des Lebens ist offensichtlich mehr als nur Materie, die sich berechnen lässt. Doch selbst die vermeintlich physikalisch festgelegten und bestimmbaren Materieprozesse lassen sich, so manche Wissenschaftler, vom Geiste steuern. Besuch beim Physiker Helmut Schmidt in seinem Haus in Mora, Neu Mexico. Er hat Testmaschinen entwickelt, die beweisen helfen, dass manche Menschen einige Gesetze der modernen Physik auf den Kopf stellen können. Anscheinend kann man unter bestimmten Umständen in der jeweiligen Gegenwart noch nachträglich in die vermeintlich doch feststehende Vergangenheit eingreifen und sie verändern. Man kann unter bestimmten Umständen das Prinzip von Ursache und Wirkung aufheben.

Die handlichen Maschinen, mit denen man solche Experimente durchführen kann, hat Dr. Schmidt auch anderen Physikern zur Verfügung gestellt. Sie kamen zum selben Ergebnis: Signifikant oft gewinnt der konzentrierte oder meditativ-gelassene menschliche Wille die Oberhand über die von einem Zufallsgenerator gesteuerten physikalischen Zufallsprozesse. Wenn Bewusstsein also auf eigentlich festgelegte physikalische Vorgänge einwirkt, scheint das häufig zu funktionieren.

In seinem bemerkenswerten Buch über PSI und Physik, das leider noch immer nicht erschienen ist, schreibt er unter anderem: »Viele Forscher meinen, dass das Studium von PSI einen großen Beitrag für unser Verständnis von Bewusstsein leisten kann. Sie führen ins Feld, dass der Geist nicht-physikalisch ist und dass PSI-Effekte in ihrer Unabhängigkeit von Raum und Zeit ähnliche nichtphysikalische Merkmale aufweisen, die einen Bereich des Geistes mit eigenen Gesetzen darstellen. Damit könnten PSI-Experimente etwas über diese mentalen Gesetze aussagen und uns erlauben, zumindest den Mantelsaum des großen Geheimnisses zu erfassen. In diesem Bild ist PSI die Brücke zwischen einer mentalen und einer physikalischen Welt. Das führt zur Frage, ob die Trennung zwischen einer mentalen und einer physikalischen Welt real und sinnvoll ist oder ob man einen Weg finden könnte, sie zu integrieren.

Wie wir festgestellt haben, befinden sich PSI und Physik derzeit auf einem Kollisionskurs. Falls die Physik ihren Anspruch aufrecht erhalten will, eine korrekte Beschreibung aller Phänomene zu liefern, die man beobachten kann, muss sie ihre Formeln verändern, um die nachweisbaren und nachgewiesenen PSI-Phänomene einzuschließen. …

Die mangelnde Übereinstimmung der derzeit gültigen Physikformeln und der PSI-Phänomene wurden durch die nicht-kausalen Eigenschaften von PSI deutlich herausgestellt, die in der heutigen Physik keinen Platz haben. Auf der Suche nach einer mathematischen, physikalischen Formulierung von PSI könnte man nach fundamentalen Mechanismen Ausschau halten, die nichtkausale Effekte erzeugen könnten. …«

»Das hier vorgestellte Bild von PSI ist ein persönliches, gefärbt durch meine Ausbildung und meinen Hang zur Physik. Die primäre Herausforderung durch PSI bestand für mich in seiner Unstimmigkeit in Bezug auf die Weltsicht der gegenwärtigen Physik. Physiker sind ähnlichen Herausforderungen schon früher begegnet. Die Veränderungen in der Physik durch die Relativitätstheorie und die Quantentheorie waren ein Ergebnis der Diskrepanzen der damaligen Physik und den Resultaten bestimmter Experimente. Diese Veränderungen waren sehr radikal in dem Sinne, dass sie grundlegende Lehrsätze der alten Physik umstießen, nämlich die Annahme einer absoluten Zeit und die Vorstellung einer deterministischen Welt, in der die Zukunft vollständig durch die Vergangenheit bestimmt wurde. Einem Physiker erscheint es vernünftig anzunehmen, dass die Diskrepanzen zwischen der Existenz von PSI-Phänomenen und unserer heutigen Physik zu ähnlich radikalen Änderungen führen werden. Die Richtung dieser Veränderungen wird durch die PK-Experimente mit voraufgezeichneten Zufallsereignissen vorgegeben, die zeigen, dass PSI das Kausalitätsprinzip verletzt, den konventionellen Zeitablauf zwischen Ursache und Wirkung.«

Soweit also Dr. Schmidt. Immer mehr Physiker wenden sich Themen zu, die man als »Meta-Physik« bezeichnen könnte. Dabei geht es um die Erforschung von Zusammenhängen zwischen physikalischen Vorgängen und der Wechselwirkung mit geistigen Prozessen.

Aufruf zur Begründung einer neuen Metaphysik

Der Wiener Physiker Herbert Pietschmann ist einer breiteren Öffentlichkeit durch sein Buch *Das Ende des naturwissenschaftlichen Zeitalters* bekannt geworden. Fritjof Capra hatte übrigens bei ihm gelernt. In diesem sehr empfehlenswerten Buch zeichnet Professor Pietschmann den Erfolgsweg der Naturwissenschaften nach. Weil die Naturwissenschaften ausdrücklich die Frage nach dem »Warum?« ausklammerten und sich mit aller Vehemenz der Frage nach dem »Wie?« zuwandten, konnten sie die atemberaubenden Durchbrüche in der theoretischen Erkenntnis und der technologischen Umsetzung erzielen.

Gleichzeitig mit dem Aufschwung der Naturwissenschaften ab der Epoche der Aufklärung fand ein eklatanter Niedergang der Bedeutung der Religionen als sinnstiftende Institutionen statt – die Menschen »glaubten« der Religion immer weniger, den neuen Wissenschaften aber immer mehr. Ein »Sinnvakuum« entstand.

Halb wurden nun die Naturwissenschaften hineingezogen, halb drängten sie von sich aus in dieses Vakuum. Es entstand die als selbstverständliche und selbst-evidente Wahrheit angenommene (unzutreffende) Auffassung, dass die Erkenntnisse der Naturwissenschaften die Beantwortung nach Sinnfragen ermöglichen.

Nichts falscher als das, schreibt Herbert Pietschmann. Da die Naturwissenschaften ausdrücklich die Sinnfrage ausgeklammert hatten, auf dieser Selbstbeschränkung ihren Erfolg aufbauten (und dementsprechend auch keine eigenen Erfahrungen mit möglichen Sinnangeboten sammeln konnten), wären sie als »Sinnstifter« eine glatte Fehlbesetzung.

Professor Pietschmann schlägt deshalb vor, auch an den Universitäten einen neuen Wissenschaftszweig formell zu etablieren: die Metaphysik. Wann werden sich die staatlichen Institutionen wohl dazu bequemen?

Auf dem Weg zur Erleuchtung?

Wenigstens kurz soll ein Denkansatz des französischen Physikers und Computerforschers Jean Charon erwähnt werden. Er geht davon aus, dass es zwar ein Gesetz der Entropie gäbe, das sich auf die materielle Struktur beziehe. Danach verlieren bekanntlich alle Strukturen nach und nach an Differenzierung und alles endet in einer gleichmäßigen und formlosen Verteilung von Materie. Dem stehe jedoch das Gesetz der »Negentropie« gegenüber. Dieses Gesetz besage, dass in der Dimension des Geistes genau die gegenläufige Entwicklung stattfinde, nämlich eine Zunahme von Bewusstsein, Erinnerungsvermögen, Intelligenz und Liebe – bis im Geistigen eines Tages nur noch die reine Erleuchtung bestehe. Charon versucht, die Elektronen als Träger des Geistes anzusprechen und nennt sie Äonen. In seinen Büchern *Der Geist der Materie* und *Tod, wo ist dein Stachel* führt er diese Gedanken weiter aus.

Was haben Bewusstsein und Materie miteinander zu tun? Gibt es eine Art von Weltformel für unsere Wünsche und Gedanken, für unser seelisches Empfinden?

Eine »Weltformel« aus der Psychologie

St. Gallen in der Ostschweiz. Am Rande der Stadt, in einer seltenen ländlichen Idylle wohnt Professor Verena Kast. Sie zählt zu den bedeutendsten Psychologinnen unserer Zeit. Verena Kast ist durch ihre Deutung von Symbolen und Archetypen, von Träumen und

Märchen bekannt geworden. Sie ist Psychologieprofessorin in Zürich, Dozentin am C.G. Jung-Institut, Lehranalytikerin und im Vorstand internationaler Gesellschaften für Analytische Psychologie und für Tiefenpsychologie tätig. Nicht zuletzt ist sie auch eine besonders charmante, feinsinnige und humorvolle Gesprächspartnerin.

Ich fragte sie, ob es auch in der Seelenforschung ein Streben nach Vereinheitlichung von Wissen und Erkenntnissen gibt? Gibt es so etwas wie die Suche nach einer »Weltformel der Psychologie« analog der Suche nach der Weltformel in der Physik? Frau Professor Kast lachte zunächst herzlich, bevor sie antwortete:

»Sehen Sie, es ist ja ein Beweis dafür, dass der Archetypus der Ganzheit am Werke ist, wenn man eine Weltformel sucht. Wenn man danach fragt, was das Allgemeine an der Psychologie ist, so könnte man sagen, dass der Mensch sich entwickeln muss. Der Mensch muss sich von der Geburt, vielleicht auch schon vorher, bis zu seinem Tode entwickeln.

Die Entwicklungsschritte, die Entwicklungsanforderungen im Laufe des Lebens können verschieden sein, vermutlich von Kultur zu Kultur. Aber es scheint so zu sein, wenn wir die Entwicklungsanforderungen nicht leisten, dass wir dann psychisch krank werden.

Der Mensch muss sich entwickeln, vom Anfang bis zum Ende – das schiene mir allgemeinste Psychologie zu sein. In der Jung'schen Psychologie geht es dann um mehr: Diese Entwicklung soll den Menschen zu sich selbst bringen, der Mensch soll die oder der werden, die oder der er ist.

Der Sinn wäre, soweit wie möglich das zu werden, was in mir angelegt ist – also diese Schicksalskombination, die ich bin, bewusst nachträglich zu bestätigen und zu bejahen und das auch versuchen zu leben. Das wäre dann so eine Art ›Weltformel‹, das wäre dann die Ganzheit.

Dann gibt es in der Jung'schen Psychologie noch einen Wurf: Je mehr ich mich annähere an mein persönliches Selbst, umso mehr werde ich auch ein Mensch (im eigentlichen Sinne) und würde also helfen, das Menschliche in der Welt zu entwickeln.

Alle Menschen zusammen würden dann so etwas wie das kosmische Selbst bilden. Dahinter steht ein altes Bild: jeder Mensch ist ein Blatt am Weltenbaum, alle Menschen zusammen sind der Weltenbaum und es kommt auf jedes Blatt an diesem Weltenbaum an.« »Dem würden allerdings nicht mehr alle Psychologen so zustimmen«, fügte Verena Kast noch hinzu.

Der Weltenbaum als Symbol der Menschheitsentwicklung

In London im Britischen Museum in der sumerischen Abteilung stoßen wir auf einen solchen Weltenbaum. Die Sehnsucht nach einer Erklärung der Welt lässt sich zurückverfolgen bis in die frühesten Kulturen, auch zum Schöpfungsbaum der Sumerer.

Im Zweistromland zwischen Euphrat und Tigris fanden sich in Stein gehauene Zeugnisse für ihre Weltsicht. Sie künden von der Verbindung zwischen Erde und Himmel, sie zeigen den Mensch und die Sterne als eine Einheit, sie beschreiben die Ganzheit und den Sinn der Schöpfung.

Alle alten Kulturen besaßen eine in sich stimmige mythisch-religiöse »Weltformel«. Mit Wissenschaft hatte sie wenig zu tun, doch es scheint zu allen Zeiten eine Sehnsucht nach Einheit gegeben zu haben.

Der »Mystery-Rock« von New Mexico

Die Hochwüste von Neu Mexiko im amerikanischen Südwesten, zwischen Texas und Arizona, unweit der mexikanischen Grenze. Zum ersten Mal filmt mit unserem ZDF-Team eine Fernsehcrew einen Fund, der hier in dieser menschenverlassenen, trockenen und jetzt unfruchtbaren Landschaft am Ende des letzten Jahrhunderts fernab von der Zivilisation entdeckt wurde und lange Zeit unbeachtet blieb.

Wir sind auf dem Wege zum »Mystery Rock«, einem geheimnisvollen Felsen mit einer rätselhaften Inschrift. Sicher wusste man bisher nur, dass diese Inschrift nicht von Indianern und nicht aus Amerika stammt.

Diese Botschaft lautet nach einer vorläufigen Entschlüsselung so: Phönizier kamen auf zumindest einem Schiff bereits vor mehr als 2000 Jahren nach Mittelamerika, mindestens dieses eine Boot erlitt Schiffbruch, der Überlebende berichtet davon, wie er bis hierher kam, freundliche Aufnahme, Nahrung und Arbeit fand – und wie er seinen Gastgebern die Botschaft von der Existenz seiner Götter überbrachte.

Das Rätsel der Inschrift ist noch nicht völlig gelöst. Die kanaanitisch-phönizischen Schriftzeichen haben noch nicht alle ihre Geheimnisse preisgegeben.

Bewusstsein, Mathematik und Materie

Geometrische Muster, mathematische Formeln, physikalische Modelle – heutzutage werden Erkenntnisse nicht mehr in Stein gemeißelt, sondern zu Papier gebracht oder in den Computer eingegeben. In Oxford besuchen wir den Mathematikprofessor Roger Penrose, den Lehrer von Stephen Hawking und einen der herausragenden zeitgenössischen Wissenschaftsphilosophen. Aus seinen Überlegungen zitiere ich einige wenige Gedanken.

»Es gibt einerseits die physische Welt, die man als klare Struktur betrachtet – obwohl sie das übrigens nicht ist – dann gibt es die mentale Welt unserer Wahrnehmungen und schließlich die platonische Welt der mathematischen Konzepte, und irgendwie besteht eine mysteriöse Beziehung zwischen diesen drei Welten …

In der Physik haben wir schätzen gelernt, wie machtvoll die Welt der Mathematik Grundlagen der Physik beschreibt und es besteht auch eine sehr tiefe Beziehung zwischen der mentalen und der physischen Welt – wenn man jemanden auf den Kopf schlägt, verliert er das Bewusstsein ... Offensichtlich also ist Bewusstsein stark mit der physischen Welt verwoben ...

Und auch die Beziehung zwischen Bewusstsein und Mathematik ist sehr tief, wenn wir betrachten, wie wir mathematische Konzepte begreifen. Ich denke also, dass wir erst alle drei gemeinsam als eine Art Einheit verstehen lernen müssen, bevor wir ein echtes Verständnis von ihnen einzeln gewinnen.«

Das Schicksal des Universums

Im Inneren einer riesigen Forschungstrommel, gefüllt mit einer Art Babyöl, die derzeit in Los Alamos in Betrieb genommen wird, soll das »Schicksal des Universums« erforscht werden. Wie viele Neutrinos treffen aus dem Weltraum hier wann ein und wie stabil sind sie? Das soll helfen zu bestimmen, ob der Kosmos im Kältetod auseinanderfallen oder eines fernen Tages in einer Hitzeimplosion in sich zusammenstürzen wird – oder ob er vielleicht zwischen diesen beiden Extremen hin und herpulsiert. Auch daraus ließen sich Bausteine für eine Weltformel ableiten.

Der Leiter des Experiments, der Waliser Experimentalphysiker Professor Hywel White, gibt uns seine Einschätzung über Fortschritte bei der Suche nach einer Weltformel.

»Ich bin ein Optimist, ich bin wirklich beeindruckt vom Fortschritt der Wissenschaft in den letzten Jahrhunderten, vor allem in diesem – viele Fragen werden also sicher eine Antwort finden.

Ich gebe nur eins zu bedenken: wenn man vor hundert Jahren mit Physikern wie mir gesprochen hätte, dann hätten sie geglaubt, dass die mechanische Beschreibung der Welt wirklich richtig gewesen wäre. Mit der Quantenmechanik sind wir aber zur Einsicht gelangt, dass es manche Fragen gibt, für die es von sich aus keine Antwort gibt.

Wir beginnen anhand der Chaostheorie zu verstehen, dass wir die Startbedingungen so genau festlegen können, wie wir wollen

– und trotzdem können wir nicht vorhersagen, wohin sich das System entwickelt.«

Ist die Evolution festgelegt?

Gibt es göttlich oder naturgesetzlich festgelegte Pläne, die unabänderlich sind? Oder ist die Entwicklung des Lebens und der Menschheit ein Prozess mit offenem Ausgang? Der in London lebende englische Biologe Professor Rupert Sheldrake sagt dazu Folgendes:

»Bestimmte Prinzipien in der Natur existierten vermutlich vor dem Leben, zum Beispiel chemische, und damit gab es schon das, was ich *Gewohnheiten* nenne und was den Rahmen für das Leben festlegte.

Ich glaube aber nicht, dass die Evolution des Lebens in den Einzelheiten irgendwie vorherbestimmt ist. Kaum ein Biologe meint das. Ich stimme trotz sonstiger Differenzen mit der Standardauffassung der Biologie überein, dass die Evolution offen ist. Manche Biologen betrachten sie als reinen Zufall, ich meine, dass die Evolution mehr als nur Zufall ist. Die Zukunft ist weitgehend unvorhersehbar und die Evolution des Lebens erfordert einen wahrhaft schöpferischen Prozess.«

Die Weltformel aus der Theologie

Auch in fast allen Religionen gibt es so etwas wie eine Weltformel. Ein Schöpfergott oder eine Urkraft offenbart sich durch erwählte und »erleuchtete« Menschen. Ihre universelle Botschaft: Das Leben hat einen geistigen, keinen materiellen Ursprung und ein geistiges, kein materielles Ziel. Diese Offenbarungen der Mystik wurden seit Menschengedenken in heiligen Büchern aufgeschrieben, zum Seelenheil der Gläubigen.

Professor Andreas Resch lehrt Klinische Psychologie an der Lateran-Universität im Vatikan. Er ist Gründer und Direktor eines Instituts für »Paranormologie« in Innsbruck und leitete die zweijährigen »Imago Mundi«-Kongresse, ebenfalls in Innsbruck. Als umfassend gebildeter Humanist, weltoffener Theologe und tiefschürfender Psychologe setzt er einen hohen Standard für die geistige Erfassung und Durchdringung existentieller Fragen. Lesen Sie einige Auszüge aus seiner Stellungnahme zu meiner Frage, ob es so etwas wie eine »Weltformel« der Religionen gäbe.

»Für mich ist Seele der Grundbegriff für den Menschen, das heißt, für das menschliche Bewusstsein. Die Seele ist Träger des menschlichen Bewusstseins und dasjenige, das den Menschen sozusagen im Inneren und im Äußeren zusammenhält.

Die Seele kann nicht in dem Sinne aus der Evolution kommen, dass sie von einer materiellen Entwicklung und Entfaltung hervorgebracht wird. Das Kleinere kann nie das Größere hervorbringen. Daher müssen wir sagen: Die Seele kommt aus einer anderen Dimension. Religiös gesehen könnte man auch sagen: Die Seele kommt von Gott.

Religion befasst sich über alle Formen hinweg grundsätzlich mit dem Verhältnis des Menschen und der Schöpfung zu einem Schöpfer, zu Gott, der außerhalb der Zeitlichkeit und Räumlichkeit steht und der die Welt geschaffen hat. Dorther hat der Mensch seinen Ausgang gefunden und dorthin muss er zurückkehren, um die innere Erfüllung zu erfahren.«

Der Suche nach einer allumfassend gültigen wissenschaftlichen Weltformel erteilt Professor Resch eine klare Absage.

»Die Zeit des Materialismus ist wissenschaftlich gesehen nicht mehr haltbar, sie ist vorbei. Eine materialistische Reduzierung führt den Menschen nur hinein in neurotische Störungen beziehungsweise Spaltungen, wo er die persönliche Synthese nicht mehr findet.

Vor allem findet er für sich und für den anderen keinen Wert und damit findet er auch keinen Sinn. Und ohne Sinn kann der Mensch das Leben nicht dynamisch gestalten, eine solche Reduzierung (auf materialistische Anschauungen) halte ich geradezu für menschenfeindlich.«

Deutliche Worte eines klar und richtungweisend denkenden Menschen.

Der Seher Johannes, Autor der apokalyptischen Offenbarungen, erhielt – so die Legende – einen Einblick in das »goldene Buch« Gottes, in dem Vergangenheit, Gegenwart und Zukunft aufgezeichnet sind. Von diesem Buch mit sieben Siegeln hat menschliche Geistes- und Naturwissenschaft bislang bestenfalls ein einziges Siegel lösen können. Offensichtlich ist der Weg des irdischen Verstandeswissens weniger hilfreich als ein Weg der inneren gläubigen Offenbarung oder der bewussten Mystik – mit der wir uns im nächsten Kapitel ausführlicher beschäftigen wollen.

5 Das Mal auf der Stirn, das Licht auf dem Weg

Die mystische Botschaft Jesu und christlicher Mystiker in einer neuen Sicht

Zunächst sollten wir uns daran erinnern, dass die Bibel ein Buch ist, dessen Texte und Deutungen seit Jahrtausenden umstritten sind. Was gehört hinein, was nicht? Wie ist die Heilige Schrift zu verstehen? Wörtlich, allegorisch, mythisch? Es ist inzwischen allgemein bekannt, dass die Evangelien die Übersetzung einer Übersetzung sind.

Ernstzunehmende Studien weisen darauf hin, dass Jesus Christus zwischen seinem zwölften und dreißigsten Lebensjahr – nur über die Zeit davor und danach berichten die uns bekannten Evangelien! – sich bei den Essenern aufhielt, einer »urchristlichen« Gemeinschaft in Palästina. Andere genauso wichtige Bücher meinen nachweisen zu können, dass Jesus in den fehlenden Jahren ein, zwei oder drei Reisen nach Asien unternommen hat und dort unterwiesen wurde. Schließlich gibt es manche Autoren, die glauben belegen zu können, dass Jesus nicht am Kreuz gestorben ist, sondern lange danach in Kaschmir.

Auf all diese interessanten und brisanten Fragen kann ich im Rahmen dieses Buches nicht eingehen. Mehr dazu in meinem Buch *Was lehrte Jesus? Die verborgene Botschaft der Bibel* (Goldmann, München 1995). In diesem Kapitel geht es vielmehr um Beispiele aus den allgemein vorliegenden Schriften der Bibel und von drei christlichen Mystikern, die auf die Existenz einer »christlichen Urbotschaft« hinzuweisen scheinen. Dabei handelt es sich um eine offensichtlich recht deutlich beschreibbare »Technik« der

Innenschau oder »Meditation« als Vorbedingung zur Selbsterkenntnis und Gotterfahrung.

Die hier vorgestellte Lesart der Bibel ist ein Angebot, dieses Thema aus einer völlig neuen (alten) Perspektive zu betrachten. Selbstverständlich steht es jedem Menschen frei, das anzunehmen, abzulehnen oder zu beginnen, selber weiter nachzuforschen (was wohl das Beste sein dürfte).

Lesen wir zunächst einige Hinweise auf das dritte Auge, den Sitz der Seele oder das Augen-Chakra:

Darum soll es dir wie ein Zeichen sein auf deiner Hand und wie ein Merkzeichen zwischen deinen Augen, damit des HERRN Gesetz in deinem Munde sei… 2 Mos 13,9

… und sie (die durch Mose gegebenen göttlichen Worte) sollen dir ein Merkzeichen zwischen deinen Augen sein … 5 Mos 6,8

So nehmt nun diese Worte zu Herzen und in eure Seele … und macht sie zum Merkzeichen zwischen euren Augen … 5 Mos 11,18

… sondern allein den Menschen, die nicht das Siegel Gottes haben an ihren Stirnen. Off 9,4

Tut der Erde und den Bäumen und dem Meer keinen Schaden, bis wir versiegeln die Knechte Gottes an ihren Stirnen. Und ich hörte die Zahl derer, die versiegelt wurden: hundertvierundvierzigtausend, die versiegelt waren aus allen Stämmen Israels … Off 7,3–4

Offenbar war manchen Autoren der Bibel das innere Sehen und Hören ohne die Sinnesorgane bekannt, wie man es vor allem von Yogawegen kennt:

Zu der Zeit werden die Tauben hören die Worte des Buches, und die Augen der Blinden werden aus Dunkel und Finsternis sehen … Jes 29,18

… deine Augen werden deinen Lehrer sehen. Deine Ohren werden hinter dir das Wort hören. Dies ist der Weg, den geht! Sonst weder zur Rechten noch zur Linken. Jes 30,20–1

Die Masse der Menschen ist allerdings (noch) unfähig oder unwillig, sich den inneren geistigen Wahrnehmungsweisen zuzuwenden:

Hört zu ihr tolles Volk, das keinen Verstand hat, die da Augen haben und sehen nicht, Ohren haben und hören nicht! Wollt ihr mich nicht fürchten, spricht der HERR … Jer 5,21–2

Und an ihnen wird die Weißsagung Jesajas erfüllt, die da sagt: Mit den Ohren werdet ihr hören und werdet es nicht verstehen; und mit sehenden Augen werdet ihr sehen und werdet es nicht erkennen. Mt 13,14

Es ist ein besonderer Vorzug, in die Geheimnisse des inneren Sehens und Hörens eingewiesen worden zu sein, wie im Matthäus-Evangelium ausdrücklich hervorgehoben wird:

Wahrlich, ich sage euch: viele Propheten und Gerechte haben begehrt, zu sehen, was ihr seht, und haben's nicht gesehen, und zu hören, was ihr hört, und haben's nicht gehört. Mt 13,17

Nicht prophetische Gaben oder eine besonders vorbildliche Lebensführung also, sondern das Angenommensein durch Christus befähigen, das zu sehen und zu hören, was den begrenzten Sinnesorganen verborgen bleibt.

Das Thema des dritten Auges wird mehrfach angesprochen:

Das Auge ist das Licht des Leibes. Wenn dein Auge lauter ist, wird dein ganzer Leib licht sein. Wenn aber dein Auge böse ist, so wird dein ganzer Leib finster sein. Wenn nun das Licht, das in dir ist, Finsternis ist, wie groß wird dann die Finsternis sein ? (Niemand kann zwei Herren dienen – entweder Gott oder der Welt [Mammon]) Mt 6,22–23

Bei Luther hieß das noch: Wenn dein Auge einfeltig ist, so wird dein gantzer Leib liecht sein. Und auch die englische King-James-Ausgabe druckt: *When thine eye be single, thy whole body also is full of light.* Hier wird also ebenfalls von einem »einzelnen Auge« gesprochen.

Und wenn dich dein Auge zum Abfall (von Gott in dieser Welt der Verführungen) verführt, reiß es aus und wirf's von dir. Es ist besser für dich, dass du einäugig zum Leben eingehst, als dass du zwei Augen hast und wirst in das höllische Feuer geworfen. Mt 18,9

In diesem Text ist, so die mystische Auslegung, nicht etwa gemeint, sich buchstäblich ein Auge herauszureißen. Vielmehr blicken wir mit dem Einzelauge oder dritten Auge in das wahre, ewige Leben und erfahren unsere Geistnatur, während unsere zwei physischen Augen eben nur die schimärenhafte Relativität der Außenwelt wahrnehmen können.

Versuchen wir einmal »probehalber«, immer dann, wenn in den folgenden Auszügen der Begriff Licht erscheint, ihn wörtlich zu nehmen:

In ihm war das Leben, und das Leben war das Licht der Menschen. Und das Licht scheint in der Finsternis und die Finsternis hat's nicht ergriffen. Jh 1,5–6

Niemand zündet ein Licht an und setzt es in einen Winkel, auch nicht unter einen Scheffel, sondern auf den Leuchter, damit, wer hineingeht, das Licht sehe. Dein Auge ist das Licht des Leibes. Wenn nun dein Auge lauter (Luther schreibt wieder einfältig, auch die King-James-Ausgabe spricht von single eye) *ist, so ist dein ganzer Leib licht …* Lk 11,33–34

Im Klartext heißt das für den Mystiker: In uns Menschen lebt der göttliche Funke oder die Seelenkraft und sie ist für das innere Auge als Licht erfahrbar. Die enge Pforte des nächsten Textes bezieht sich auf das dritte Auge, das nach dem indischen Schöpfungsmythos *Kabir* kleiner als ein Senfkorn ist.

Geht hinein durch die enge Pforte. Denn die Pforte ist weit, und der Weg ist breit, der zur Verdammnis führt, und viele sind' s, die auf ihm hineingehen. Wie eng ist die Pforte und wie schmal der Weg, der zum Leben führt, und wenige sind's, die ihn finden! Mt 7,13–14

Da redete Jesus abermals zu ihnen und sprach: Ich bin das Licht der Welt. Wer mir nachfolgt, der wird nicht wandeln in der Finsternis, sondern wird das Licht des Lebens haben. Jh 8,12

Das »Wort« Gottes, das sich in innerem Licht und Klang oder Sphärenmusik ausdrückt, gibt uns wahres Leben, nämlich bewusstes Seelenleben und geistige Selbsterkenntnis:

... und (Gott) *speiste dich mit Manna, das du und deine Väter nie gekannt hatten, auf dass er dir kundtäte, dass der Mensch nicht lebt vom Brot allein, sondern von allem, was aus dem Mund des HERRN geht.* 5 Mos 8,3

Er aber antwortete und sprach: Es steht geschrieben: Der Mensch lebt nicht vom Brot allein, sondern von einem jeden Wort, das aus dem Mund Gottes geht. Mt 4,4

Im Anfang war das Wort, und das Wort war bei Gott, und Gott war das Wort. ... In ihm war das Leben ... Jh 1,1–4

Eine entscheidende Frage an die christlichen Kirchen aus anderen Religionen und Weltanschauungen lautet: Wieso seid Ihr so sicher, dass Jesus der erste, einzige und letzte Gottessohn sei? Wird Gott nicht in seiner Barmherzigkeit für seine Geschöpfe von Anbeginn der Welt an immer wieder Gottessöhne oder -töchter gesandt haben, um zumindest der suchenden Menschheit ein Licht auf ihrem Pfad zu sein? Was wäre denn mit all den Menschen, die vor Jesu Lebzeiten auf der Erde waren? Und was ist mit Buddha, Lao Tse, Mohammed (der von Muslimen selbst allerdings nur als Prophet bezeichnet wird, und diesen Status gestehen sie allgemein sowohl Jesus Christus wie Moses und Abraham zu), was ist mit dem von den Juden noch erwarteten Messias? Was ist mit Shamas von Täbriz, Maulana Rumi, Kabir, Guru Nanak und anderen »Gottessöhnen« der neueren Zeit? Jesus selbst soll von sich nach Aussage der Evangelien nur soviel gesagt haben:

Wir müssen die Werke dessen wirken, der mich gesandt hat, solange es Tag ist; es kommt die Nacht, da niemand wirken kann. Solange ich in der Welt bin, bin ich das Licht der Welt. Jh 9,4-5

Glaubt an das Licht, solange ihr's habt, damit ihr Kinder des Lichts werdet … Jh 12,36

Luther schreibt:

Ich muss wirken die Werke des, der mich gesandt hat, solange es Tag ist. Es kommt die Nacht, da niemand wirken kann. Dieweil ich bin in der Welt, bin ich das Licht der Welt.

Das kann durchaus so gelesen werden, dass Jesus der Gottessohn seiner Zeit war, dass er als Gottessohn nur wirken konnte, solange er im Körper lebte, und dass danach (und davor) ein anderer die Aufgabe zu übernehmen hätte, Menschen zu Gott zu führen. Das würde übereinstimmen mit den Aussagen von Mystikern aus anderen Religionen. Denn es heißt:

Liebt ihr mich, so werdet ihr meine Gebote halten. Und ich will den Vater bitten, und er wird euch einen andern Tröster geben, dass er bei euch sei in Ewigkeit. … Aber der Tröster, der heilige Geist, den mein Vater senden wird in meinem Namen, der wird euch alles lehren und euch an alles erinnern, was ich euch gesagt habe. Jh 14,15–16,26

Wenn aber der Tröster kommen wird, den ich euch senden werde vom Vater, der Geist der Wahrheit, der vom Vater ausgeht, der wird Zeugnis geben von mir. Jh 15,26

Aber ich sage euch die Wahrheit: Es ist gut für euch, dass ich weggehe. Denn wenn ich nicht weggehe, kommt der Tröster nicht zu euch. Wenn ich aber gehe, will ich ihn zu euch senden. Jh 16,7

Nach Luther bedeutet das als »Tröster« übertragene Wort auch Advokat, Beistand oder Fürsprecher und bezeichnet eine Person, die in der Lage ist, vor Gericht ein gutes Wort einzulegen. Spricht Jesus in den Worten der Evangelien hier nicht ausdrücklich davon, dass nach ihm ein anderer käme?

Wie kann man Gott erfahren? Wie kann man dadurch den Sinn des Lebens und der Schöpfung erfahren? Durch Vorstellungen und Vorbilder? Oder gestaltlos? Müssen wir womöglich zuerst unsere eigene überkörperliche und überzeitliche Wirklichkeit entdecken, bevor wir jene Gottes erkennen können?

Gott ist Geist, und die ihn anbeten, müssen ihn im Geist und in der Wahrheit anbeten. Joh 4,24

Sowohl Luther-Bibel als auch King-James-Bibel schreiben übrigens: »*Gott ist ein Geist*«!

Und es gibt himmlische Körper und irdische Körper; aber eine andere Herrlichkeit haben die Himmlischen und eine andere die irdischen, ... Es wird gesät in Niedrigkeit und wird auferstehen in Herrlichkeit. Es wird gesät in Armseligkeit und wird auferstehen in Kraft. Es wird gesät ein natürlicher Leib und wird auferstehen ein geistlicher Leib. Gibt es einen natürlichen Leib, so gibt es auch einen geistlichen Leib. ... Das sage ich aber, liebe Brüder, dass Fleisch und Blut das Reich Gottes nicht ererben können; auch wird das Verwesliche nicht erben die Unverweslichkeit. 1 Kor 15,40,43–44,50

Diese Worte rücken manches recht deutlich zurecht, was in Bezug auf die vermeintliche leibliche Auferstehung in einigen dogmatischen Anschauungen etwas durcheinander geraten war.

Es scheint über den Körpertod hinaus noch einen zweiten Tod zu geben:

Wer Ohren hat, der höre, was der Geist den Gemeinden sagt! Wer überwindet, dem soll kein Leid geschehen von dem zweiten Tode ... Off 2,11

Selig ist der und heilig, der teilhat an der ersten Auferstehung. Über diese hat der zweite Tod keine Macht ... Off 20,6

Sogar einige wenige Hinweise auf das Gesetz von Ursache und Wirkung, auf die Karmalehre, sind in den heutigen Bibelausgaben noch zu finden:

Denn ich, der HERR, dein Gott, bin ein eifernder (nach Luther eifriger) Gott, der die Missetat der Väter heimsucht bis ins dritte und vierte Glied an den Kindern derer, die mich hassen. 2 Mos 20,5

Entsteht ein dauernder Schaden, so sollst du geben Leben um Leben, Auge um Auge, Zahn um Zahn, Hand um Hand, Fuß um Fuß, Brandmal um Brandmal, Beule um Beule, Wunde um Wunde. 2 Mos 21,23–25 (Auszug aus der Rechtsordnung) (In Mt 5,38 kehrt Jesus dieses Gesetz um und sagt, man solle dem Übel nicht widerstreben, sondern die andere Wange hinhalten.)

Irret euch nicht! Gott lässt sich nicht spotten. Denn was der Mensch sät, das wird er ernten. Gal 6,7

Allerdings kann das Gesetz von Ursache und Wirkung durch den Gottessohn aufgehoben werden:

Denn das Gesetz ist durch Mose gegeben, die Gnade und Wahrheit ist durch Jesus Christus geworden. Jh 1,17

Denn Gott hat seinen Sohn nicht in die Welt gesandt, dass er die Welt richte, sondern dass die Welt durch ihn gerettet werde. Jh 3,17

Denn der Vater richtet niemand, sondern hat alles Gericht dem Sohn übergeben. Jh 5,22

Wahrlich, wahrlich, ich sage euch: Wer mein Wort hört und glaubt dem, der mich gesandt hat, der hat das ewige Leben und kommt nicht in das Gericht, sondern er ist vom Tode zum Leben hindurchgedrungen. Jh 5,24

Das Eingehen in das wahre Leben, die Überwindung des »zweiten Todes« der Seele, bedarf einer spirituellen Neugeburt:

(Nikodemus) kam zu Jesus bei Nacht und sprach zu ihm: Meister, wir wissen, du bist ein Lehrer, von Gott gekommen; denn niemand kann die Zeichen tun, die du tust, es sei denn Gott mit ihm. Jesus antwortete und sprach zu ihm: Wahrlich, wahrlich, ich sage dir: Es sei denn, dass jemand von neuem geboren werde, so kann er das Reich Gottes nicht sehen. Nikodemus spricht zu ihm: Wie kann ein Mensch geboren werden, wenn er alt ist? Kann er denn wieder in seiner Mutter Leib gehen und geboren werden? Jesus antwortete: Wahrlich, wahrlich, ich sage dir: Es sei denn, dass jemand geboren werde aus Wasser und Geist, so kann er nicht in das Reich Gottes

kommen. Was vom Fleisch geboren ist, das ist Fleisch; und was vom Geist geboren ist, das ist Geist. Wundere dich nicht, dass ich dir gesagt habe: Ihr müsst von neuem geboren werden. Jh 3,2–7

Manche Mystiker sehen hier Parallelen zur sogenannten Initiation einiger Meditationswege, zum Beispiel dem von Sant Mat, bei der das dritte Auge geöffnet und eine erste Verbindung mit dem inneren Licht und Ton hergestellt wird.

Über die Vollmacht Jesu Christi steht geschrieben:

Ich und der Vater sind eins. Jh 10,30

Und er sprach zu mir: Es ist geschehen. Ich bin das A und das O, der Anfang und das Ende. Ich will dem Durstigen geben von der Quelle des lebendigen Wassers umsonst. Off 21,6

Und weiter:

Den Frieden lasse ich euch, meinen Frieden gebe ich euch. Nicht gebe ich euch, wie die Welt gibt. Euer Herz erschrecke nicht und fürchte sich nicht. Jh 14,27

Nicht ihr habt mich erwählt, sondern ich habe euch erwählt … Jh 15,16

Jesus antwortete: Mein Reich ist nicht von dieser Welt … Jh 18,36

Jedoch auch jeder einzelne Mensch ist zum eigenen, inneren Erlebnis Gottes berufen:

Darum sollt ihr vollkommen sein, wie euer Vater im Himmel vollkommen ist. Mt 5,48

Oder wisst ihr nicht, dass euer Leib ein Tempel des heiligen Geistes ist, der in euch ist und den ihr von Gott habt, und dass ihr nicht euch selbst gehört? 1 Kor 6,19

In einer anderen Übertragung liest sich das so:

Wisst ihr nicht, dass ihr Gottes Tempel seid und der lebendige Geist Gottes in euch wohnt?

Das Tempelmotiv taucht häufiger auf:

Was hat der Tempel Gottes gemein mit den Götzen? Wir aber sind der Tempel des lebendigen Gottes, wie denn Gott spricht: Ich will in ihnen wohnen und in ihnen wandeln und will ihr Gott sein und sie sollen mein Volk sein. 2 Kor 6,16 (Moderne Bibeln schreiben leider statt »in ihnen« »unter ihnen«.)

Aufschlussreiche Abweichungen finden wir in der Darstellung der letzten Stunde Jesu Christi am Kreuze (Matthäus 27,46):

Und um die neunte Stunde schrie Jesus laut: Eli, Eli, lama asabtani? (ELOI, ELOI, LAMA SABATHANI?) Das heißt: Mein Gott, mein Gott, warum hast du mich verlassen?

An anderer Stelle (Markus 15,34): *Und zu der neunten Stunde rief Jesus laut: Eli, Eli, lama asabtani? Das heißt übersetzt: Mein Gott, mein Gott, warum hast du mich verlassen?*

Und auch (Lukas 23,46): *Und Jesus rief laut: Vater, ich befehle meinen Geist in deine Hände!*

Schließlich noch (Johannes 19,30): *Als nun Jesus den Essig genommen hatte, sprach er: Es ist vollbracht!*

Hat der Gottessohn Jesus von Nazareth, der zum Träger der Christuskraft wurde, in einer Stunde der Not an Gott gezweifelt? Oder hat er sich immer und jederzeit eins mit Gott gewusst?

Sogar zum Thema Reinkarnation gibt es eine klare Aussage, nämlich dass Johannes der Täufer die Wiedergeburt von Elias sei:

Denn alle Propheten und das Gesetz haben geweissagt bis hin zu Johannes; und wenn ihr' s annehmen wollt: Er ist Elia, der da kommen soll. Wer Ohren hat, der höre. Mt 11,13–15

Die »Zwei-Götter-Lehre« – hier der jüdische »Gott der Rache«, dort der christliche »Gott der Liebe« – lehnt Professor Lapide (und vermutlich jüdische Theologie generell) ab und schreibt: »Letzten Endes lesen wir im Neuen Testament – genau wie im Alten – Scheltreden und düstere Mahnungen. Aber in beiden Testamenten überwiegen die Barmherzigkeit, die Gnade und Worte der Vergebung und des Heils« (zitiert aus *Paulus zwischen Damaskus und Qumran*, S. 64)

Stellvertretend für viele andere Belege führt Lapide Hosea 6,6 an: *Denn ich habe Lust an der Liebe und nicht am Opfer, an der Erkenntnis Gottes und nicht am Brandopfer.*

Ähnliche Aussagen wie die oben zitierten finden sich in allen anderen heiligen Schriften und mystischen Offenbarungen der anderen Religionen auch. Ich meine, dass ein erster Schluss nahe liegt: Jesus Christus hat keine Theologie gelehrt, keine kirchliche Dogmatik begründet, sondern er hat Menschen, die nach Sinn im Leben, nach Erlösung von Angst und Tod und nach Gemeinschaft mit Gott suchten, einen praktischen Weg gewiesen, all dies zu erlangen. Er hat eine Botschaft der konkreten Hinwendung zu Gott gebracht.

Kommen wir nun zu den Hinweisen christlicher Mystiker lange nach Jesus Christus auf das, was Thomas von Kempen »Die Nachfolge Christi« genannt hat. In manchen der folgenden Texte werden wir ausdrücklich dazu aufgefordert, selbst und unmittelbar die Rückverbindung (= Religio) mit Gott aufzunehmen. Und es wird uns versichert, dass dies nicht nur möglich, sondern gewissermaßen unser Geburtsrecht sei.

Hildegard von Bingen war Benediktiner-Nonne und später Äbtissin. Bekannt wurde sie bereits zu Lebzeiten als Mystikerin, Verfasserin religiöser Schriften und Korrespondentin und Mahnerin höchster kirchlicher und weltlicher Würdenträger und Herrscher. Sie lebte von 1098 bis 1179. Ihre Visionen beschrieb sie in ihrem Werk *Scvias – Wisse die Wege.* Ihr erstes »Erleuchtungs-Erlebnis« stellte sie so dar:

»Im Jahre 1140 der Menschwerdung Jesu Christi, des Gottessohnes, als ich zweiundvierzig Jahre und sieben Monate alt war, kam ein feuriges Licht mit Blitzesleuchten vom offenen Himmel hernieder. Es durchströmte mein Gehirn und durchglühte Herz und Brust gleich einer Flamme, die jedoch nicht brannte, sondern wärmte, wie die Sonne den Gegenstand erwärmt, auf den sie ihre Strahlen legt. Nun erschloss sich mir plötzlich der Sinn der Schriften, des Psalters, des Evangeliums und der übrigen Bücher des Alten und Neues Testaments. … Die Kraft und das Mysterium verborgener, wunderbarer Gesichte erfuhr ich geheimnisvoll in meinem Innern seit meinem Kindesalter, das heißt, seit meinem fünften Lebensjahr, so wie auch heute noch. … Die Gesichte, die ich schaue, empfange ich nicht in traumhaften Zuständen, nicht im Schlafe oder in Geistesgestörtheit, nicht mit den Augen des Körpers oder den Ohren des äußeren Menschen und nicht an abgelegenen Orten, sondern wachend, besonnen und mit klarem Geiste, mit den Augen und Ohren des inneren Menschen, an allgemein zugänglichen Orten, so wie Gott es will. Wie das geschieht, ist für den mit Fleisch umkleideten Menschen schwer zu verstehen.«

Licht spielt wie bei allen mystischen Erfahrungen so auch für Hildegard von Bingen eine entscheidende Rolle. Das Lichterleben ist nicht Einbildung, Traum oder Rausch, sondern erlebte Wirklichkeit. Das Licht bringt Wärme und vor allem inneres Verstehen mit sich, es offenbart den bislang verborgenen Sinn der heiligen Schriften.

Die von ihr geschauten Visionen nimmt sie nicht mit den physischen Sinnesorganen wahr, sondern mit den inneren Augen und Ohren. Auch hier also eine unübersehbare Parallele zu den Aussagen der »Wissenschaft der Spiritualität«. Es bedarf keiner »magischen« Orte, sondern ist offensichtlich immer dann und dort möglich, wann und wo Gott es will. Der Begriff des »mit Fleisch umkleideten Menschen« bezeichnet jene, die sich nur ihrer Körperform bewusst sind, diese als die einzige Realität erleben und (noch) keinen Einblick in die geistige Wirklichkeit erlangt haben.

Meister Eckehart, der von etwa 1260 bis um 1327 lebte, gilt als einer der bedeutendsten Mystiker des europäischen Mittelalters. Der Dominikaner-Mönch war Prior in Straßburg und Leiter des Ordensstudiums in Köln. Die Kirche eröffnete gegen ihn ein Inquisitionsverfahren, ein Teil seiner Aussprüche wurde verboten, er starb vor Beendigung des Verfahrens. Vor allem aus asiatischer Sicht wird Meister Eckehart oft mit höchsten Zen-Meistern verglichen oder auch als »Buddha des Westens« bezeichnet.

Hier einige Zitate, die zeigen, dass Meister Eckehart in höchste mystische Dimensionen vorgestoßen war, in der Dogmen nicht mehr zählten, wo es stattdessen nur auf unmittelbare eigene Gotteserfahrung ankam.

»Wer zum höchsten Adel seines Wesen gelangen will und zur Anschauung des höchsten Gutes, das Gott selber ist, der muss ein Erkennen seiner selbst haben, wie auch der Dinge, die um ihn sind, bis zum Höchsten. Nur so gelangt er zu seiner wahren Lauterkeit. Darum, mein lieber Mensch, lerne du dich selbst erkennen; das ist dir besser, als wenn du alle Kräfte der Kreatur kenntest.«

Damit wird jene Bedingung angesprochen, die zur Lösung des Rätsels der menschlichen Existenz notwendig ist: Selbsterkenntnis, oder wie es über dem Tempel von Delphi verewigt wurde: »Mensch, erkenne dich selbst.«

Meister Eckehart fährt fort:

»Wie du aber dich selber erkennen kannst, dazu merke zweierlei Weise. Zuerst siehe zu, wie es um deine äußeren Sinne steht: Das Auge steht allezeit dem Bösen ebenso bereit zum Sehen wie dem Guten; ebenso das Ohr dem Hören, und so ist es mit allen Sinnen. Darum müsst ihr euch mit großen Ernst dem Guten zuwenden.

Sodann vernehmt von den inneren Sinnen …

Denn was die Seele empfängt, das empfängt sie durch den Willen und anders nicht. Durch die Gnade des höchsten Gutes werden die anderen Vermögen in der Einheit einer Natur gekräftigt, und da wird dann das Licht entzündet in der Kraft des Heiligen Geistes. Und aus diesem Licht werden alle Werke der Seele gewirkt. Eine wahre Urkunde dieses gnädiglichen Lichts ist es, wenn dann ein Mensch mit freiem Willen sich abwendet von den vergänglichen Dingen und sich hinkehret zu dem höchsten Gute, das Gott selber ist.« (aus der *Predigt zur Vollendung der Seele.)*

Der Wille, der freie Wille zumal, hatte also auch in Meister Eckeharts Weltsicht große Bedeutung. Zuerst kommt die Gnade, welche das Licht und die Kraft des heiligen Geistes schenkt. Daraus erwächst die Fähigkeit der Seele, sich aus freiem Willen dem zuzuwenden, was ewig ist. Er beschreibt drei Wege der Seele dorthin:

»Die Seele hat drei Wege zu Gott. Der eine ist dies: mit … brennender Liebe in allen Kreaturen Gott zu suchen …

Der zweite Weg ist ein wegloser Weg, frei und doch gebunden, wo man willen- und bildlos über sich und alle Dinge weithin erhaben und entrückt ist, wiewohl es doch noch keinen wesenhaften Bestand hat. … Der dritte Weg heißt zwar Weg und ist doch ein Zuhause-Sein: Gott zu schauen unmittelbar in seinem Sein. … Auf diesem Wege von Gott hineingeleitet vom Lichte seines Wortes und umfangen von der Liebe des Geistes ihrer beider, das geht über alles, was man in Worte fassen kann. Lausche auf das Wunder! Wie wunderbar: draußen zu stehen sowie drinnen, begreifen und umgriffen werden, schauen und (gleichzeitig) das Geschaute selbst zu sein, zu halten und gehalten zu werden – das ist das Ziel, wo der Geist in Ruhe verharrt, der lieben Ewigkeit vereint.«

Das Wort Gottes enthüllt Licht – wir finden hier erneut eine Übereinstimmung zwischen den Erfahrungen und Lehren aller Mystiker aller Zeiten und aller Kulturräume: Es gibt eine »Energie« oder »Urkraft«, die aus dem Göttlichen kommt und uns Menschen unter anderem als Licht erfahrbar wird. Wenn wir uns der Verbindung mit dieser Kraft öffnen, erkennen wir, dass das Göttliche und wir selbst eins sind!

Für Meister Eckehart heißt dieser hohe Flug in die zeit- und raumlose Transzendenz nicht, dass er die »Bodenhaftung« verloren hätte. Vielmehr weist er für das tägliche Leben sehr erdnahe Verhaltensweisen an:

»Auf drei Punkte sollen wir in unserem Wirken achten: dass man ordentlich, einsichtsvoll und bewusst wirke. Das nenne ich ordentlich, was in allen Dingen dem Höchsten entspricht (alternativ: was in allen Dingen dem Nächstliegenden entspricht!). Das aber nenne ich einsichtsvoll, über das hinaus man zur Zeit nichts Besseres kennt. Und bewusstes Wirken nenne ich das, wenn man (in guten Werken) die lebensvolle Wahrheit mit ihrer beglückenden Gegenwart verspürt (verbindet).« (aus der *Predigt zum tätigen und schauenden Leben.)*

Zu Meister Eckeharts verbotenen Aussagen gehören:

»Alles, was Gott Vater seinem eingeborenen Sohn in der menschlichen Natur gegeben hat, das hat er völlig auch mir gegeben. Hiervon nehme ich nichts aus, weder die Einung noch die Heiligkeit, sondern er hat mir alles ebenso gegeben wie ihm.«

»Es sei denn, dass Christus in mir geboren wird, es wäre, als ob er nie geboren wäre.«

»Alles, was der göttlichen Natur eigen ist, das ist auch ganz dem gerechten und göttlichen Menschen eigen. Darum wirkt solch ein Mensch auch alles, was Gott wirkt: Er hat zusammen mit Gott Himmel und Erde geschaffen; er ist Zeuger des ewigen Wortes und Gott wüsste ohne einen solchen Menschen nichts zu tun.«

Das sind völlig eindeutige Aussagen darüber, dass der Mensch seinem Wesen nach göttlich ist. Nach diesen Worten ist es jedem Menschen gegeben, das Apostelwort von »Seid vollkommen wie euer Vater im Himmel vollkommen ist« auf sich als individuelle Seele zu beziehen. Meister Eckehart legt zwischen den Zeilen nahe, dass all das sogar noch hier und heute, in diesem Leben, erfahrbar ist. Wann und wo hören wir davon in den heutigen christlichen Kirchen?

Angelus Silesius, der »schlesische Engelsbote«, wurde 1624 als Johannes Scheffler geboren. Zunächst Lutheraner, trat er zur katholischen Kirche über, da es in der protestantischen Kirche an Verständnis für seine mystischen Offenbarungen und Schriften fehlte. Angelus Silesius begriff Gott und Seele letztlich als eine Einheit ohne wesensmäßige Unterschiede. Man berichtet von ihm, dass er für mildtätige Zwecke ein beträchtliches Vermögen hergab.

Aus seinem mystischen Hauptwerk, dem Cherubinischen Wandersmann, stelle ich Ihnen an dieser Stelle jene Verse vor, die eindeutig nachvollziehen lassen, dass er einen praktischen Weg der Innenschau mit konkreten »Methoden« beschreibt, und die nicht nur symbolisch zu verstehen sind.

Ich bin nicht außer Gott und Gott nicht außer mir;
Ich bin sein Glanz und Licht, und er ist meine Zier.

Hiermit wird eine Grundtatsache allen mystischen Erlebens beschrieben: Gott ist nicht dort »oben« im Himmel, und wir Menschen sind nicht hier »unten« auf der Erde, sondern Gott und Mensch durchdringen einander.

Ich bin Gott's ander Er, in mir find't er allein,
Was ihm in Ewigkeit wird gleich und ähnlich sein.

Demnach sind wir ein Spiegelbild Gottes, das ewigen Bestand hat.

Es ist erstaunungsvoll, dass ich, Staub, Asch' und Kot,
So freundlich und gemein mich machen darf mit Gott.

Angelus Silesius wundert sich aus der Perspektive des normal-üblichen Denkens, dass etwas an oder in der vergänglichen Körperform des Menschen zu sein scheint, das mit Gott auf einer Stufe stehen darf.

Ich selbst bin Ewigkeit, wenn ich die Zeit verlasse
Und mich in Gott und Gott in mich zusammenfasse.
Je mehr du dich aus dir kannst austun und entgießen,
Je mehr muss Gott in dich mit seiner Gottheit fließen.

Allerdings kann der Mensch seine eigene Zeitlosigkeit erst dann begreifen und erlangen, wenn er die Relativität der Formenwelt verlässt, wenn er sein Ich hinter sich lässt und sich für die Gegenwart der göttlichen Kraft in allem öffnet.

Christ mein, wo läufst du hin? Der Himmel ist in dir!
Was suchst du ihn denn erst bei eines andern Tür?

Der Mensch, der seinen Geist nicht über sich erhebt,
Der ist nicht wert, dass er im Menschenstande lebt.

Mensch, geh nur in dich selbst! Denn nach dem Stein der Weisen
Darf man nicht allererst in fremde Lande reisen.

Wie kann man die Kraft des Göttlichen erfassen? Nicht, indem man irgendwo in der äußerlichen Welt danach sucht und sie vielleicht als Ding und Objekt zu finden hofft. Der erste der drei Verse oben spricht das Thema an, »Wisset ihr nicht, dass ihr der Tempel Gottes seid und der lebendige Geist in euch wohnt?« Danach ist es nur möglich, Gott in dem geistigen Himmel zu finden, der während unserer Lebzeiten im physischen Körper existiert.

Den Geist über sich selbst zu erheben bedeutet, das reine Bewusstsein des Selbst oder der Seele vom üblichen Ichbewusstsein abzuziehen. Dieser Vorgang, den östliche Mystiker »Überschreiten des Körperbewusstseins« nennen, geht einher mit der praktischen Erfahrung des Zurückziehens der Lebensströme, ähnlich wie es beim Körpertode ohnehin vollzogen werden muss. Angelus Silesius scheint diesen Vorgang gekannt zu haben, denn er schreibt weiter:

Der Weise stirbt nicht mehr, er ist zuvor schon tot,
Tot aller Eitelkeit, tot allem, was nicht Gott.

Stirb, ehe du noch stirbst, damit du nicht darfst sterben,
Wenn du nun sterben sollst; sonst möchtest du verderben.

Der letzte Vers spielt auf das an, was in der Johannes-Offenbarung »der zweite Tod« genannt wird. Wir sollen bereits während des Lebens den Sterbevorgang und die Wirklichkeit des lebendigen und individuellen Bewusstseins über den Körpertod hinaus kennen lernen. Sonst würde der Geist oder die Seele im Jenseits »verderben« können, also gemäß ihrer eigenen Vorlieben und Gewohnheiten in Bereiche der Vergänglichkeit geraten (was eine zurückhaltende Umschreibung für das ist, was Swedenborg und andere »Fegefeuer« oder Zustände der erzwungenen Seelenläuterung nennen.)

Es folgen eine Reihe von Versen zu dem, was man heute »Meditation« nennen würde. Dabei beschreibt Angelus Silesius ausdrücklich das innere Sehen und Hören, das auch in der »Wissenschaft der Spiritualität« *(Sant Mat)* als Meditationsmethode die zentrale Rolle spielt.

Gott ist über all's, dass man nicht sprechen kann;
Drum betest du ihn auch mit Schweigen besser an.

Wenn du denkst, Gott zu schau'n, bild dir nichts Sinnlich's ein!
Das Schau'n wird inner uns, nicht außerhalb uns sein.

Das Licht der Herrlichkeit scheint mitten in der Nacht.
Wer kann es seh'n? Ein Herz, das Augen hat und wacht.

Wer seine Sinne hat ins Innere gebracht,
Der hört, was man nicht red't, und sieht in der Nacht.

Was lohnt sich zu sehen? Angelus Silesius lässt darüber keinen Zweifel:

Du reisest, vielerlei zu seh'n und auszuspäh'n.
Hast du nicht Gott erblickt, so hast du nichts geseh'n.

Der Mystiker geht erneut auf unterschiedliche Wege und Weisen ein, wie man sich mit Gott verbinden kann:

Mensch, was du liebst, in das wirst du verwandelt werden.
Gott wirst du, liebst du Gott, und Erde, liebst du Erden.

Der nächste Weg zu Gott ist durch der Liebe Tür;
Der Weg der Wissenschaft bringt dich gar langsam für.

Im Yoga gibt es den »Jnana-Yoga« als Weg der Erkenntnis und »Bhakti-Yoga« als Weg der Hingabe. Wiederum interessante Parallelen. Schließlich gibt uns Angelus Silesius noch den Rat, dass wir aktives und kontemplatives Leben miteinander verbinden sollen, wie es auch im Konzept der »positiven Mystik« zum Ausdruck kommt:

Fragst du, was Gott mehr liebt, ihm wirken oder ruh'n?
Ich sage, dass der Mensch, wie Gott, soll beides tun.

6 Bewusstsein und Freiheit

Welche Rolle spielt der freie Wille in unserem Leben? Versuch einer vorläufigen Bilanz

Werden wir das Mysterium des Lebens je verstehen? Kann man es in Skulpturen oder Bildern, in Hieroglyphen oder Worten je beschreiben? Lässt sich das Rätsel der Schöpfung womöglich in Formeln fassen?

Seit Jahrtausenden bemühen sich Menschen in Religion und Kunst, in Dichtung und Wissenschaft darum, Ursprung, Sinn und Ziel des Lebens zu ergründen. Seit der Antike bekannte sumerische Keilschriften geben davon frühes Zeugnis ab ebenso wie der erst kürzlich entdeckte »Mystery Rock« in Neu Mexico. Wir suchen seit jeher nach den kleinsten Bausteinen und nach den Grundgesetzen unserer Welt. Wir wollen feststellen und festschreiben, was der winzige Mensch und das riesige All miteinander zu tun haben.

Was verbindet Mikrokosmos und Makrokosmos? In allen alten Kulturen und in der modernen Wissenschaft ging und geht es immer wieder um Fragen nach dem Schicksal, nach Vergangenheit, Gegenwart und Zukunft.

Ist unser Leben dem reinen Zufall überlassen oder ist es unabänderlich vorherbestimmt? Auf Palmblättern in Indien wurde vor tausend Jahren angeblich das Schicksal von Menschen aufgeschrieben, die damals noch gar nicht geboren waren. Mathematische Formeln der Neuzeit können, so meinen manche Physiker, angeblich die Entstehung der Welt nachschreiben. Wieder andere Wissenschaftler wollen berechnen können, wie groß die Chance ist, dass außerirdisches intelligentes Leben existiert.

Es gibt viele Fragen nach den ersten und nach den letzten Dingen und es gibt manche Antworten, nicht nur eine einzige.

Gilt das Schiller-Wort *Das Universum ist ein Gedanke Gottes!* Oder hat Hebbel Recht mit dem Ausspruch *Die Welt ist Gottes Sündenfall*?

Wie soll man das scheinbar unlösbare Paradoxon verstehen, dass erst die eigene Bemühung göttliche Gnade herabrufen kann, andererseits jedoch der Impuls zur eigenen Bemühung bereits ein Gnadenakt Gottes darstellt? Sollen wir gar nicht versuchen zu verstehen? Sant Darshan Singh spricht von zwei Wegen, dem der Bemühung und der Gnade und jenem der Ichaufgabe oder Hingabe. Dem Verfasser ist der Zugang zum zweiten Weg leider noch nicht gegeben; ich bemühe mich noch, nicht nur zu empfinden und meditativ zu erfahren, sondern auch mental zu erforschen und zu verstehen. Dabei muss ich eingestehen, dass dies vielleicht der längere Weg ist.

Allerdings ist weder die Unauflösbarkeit des oben genannten Paradoxons noch die Tatsache, dass wir vielleicht auch auf andere wesentliche Fragen noch keine überzeugende Antwort gefunden haben mögen, ein Grund oder Anlass, etwas nicht zu tun, was im Rahmen des freien Willens möglich ist.

Wie viel und wie wenig können wir aus unserem Leben machen? Möge keiner behaupten, dass der freie Wille – wenn er auch vielleicht »nur« auf ein Viertel der Gesamteinflüsse beschränkt sein mag –, nicht allemal noch groß genug ist, um ihn auch als »guten Willen« zu verwirklichen.

Was braucht es denn mehr als den freien und guten Willen, um im ehemaligen Jugoslawien und anderswo nicht mehr zu morden, um sich in Nahost und anderswo nicht mehr gegenseitig zu terrorisieren, um im Iran und anderswo religiöse Toleranz walten zu lassen, um in Deutschland und anderswo in allen Ausländern zuerst Menschen, Seelenbrüder und Seelenschwestern zu sehen, um sich nicht mehr gegenseitig auszubeuten und zu übervorteilen, um gegen Gewalt und Unrecht mit einer Stimme zu sprechen …?

Wenn wir dem freien und guten Willen keine Chance geben – jeder von uns individuell in seinem eigenen kleinen Wirkungskreis nach dem Wort »Wenn du dich änderst, ändert das die Welt« –, brauchen wir uns nicht darüber zu wundern, wenn die Auswirkungen unserer Versäumnisse in Form blinden Hasses, ungerechter Politik, menschenverachtender Gewalt und anderen »Schicksalsschlägen« auf uns alle zurückfällt.

Frei nach Ramana Maharshi können wir feststellen: Der freie Wille begründet Wünsche, deren Sinn und deren Erfüllung offen ist. Falls wir Misserfolg haben oder versagen, nennen wir das Schicksal. Falls wir Erfolg haben, glauben wir, etwas aus eigenen Kräften erreicht zu haben. Wie lächerlich! Solange das Ego besteht, sieht man das Leben nicht richtig und vermag auch nicht über die irdische Ebene der Relativität hinauszugelangen.

Schicksal kann ohne den freien Willen gar nicht entstehen. Der in der Vergangenheit ausgeübte freie Wille ist Ursprung und Ursache der vermeintlich schicksalhaften Bestimmung unserer Gegenwart und formt unser Leben. Reine Gedanken und Handlungen erbringen günstige Ergebnisse. Unerwünschte Gedanken und Handlungen führen zu unerwünschten Wirkungen. Deshalb sollte zunächst das Gemüt von diesen Tendenzen befreit und der freie Wille sehr überlegt ausgeübt werden. Wenn sich ein ungünstiges Schicksal bereits abspielt, wird das Gemüt kaum zu Ruhe und Reinheit kommen können. Das Gemüt folgt dem Lauf des Schicksals. Reine Gedanken werden durch die Gemeinschaft mit geistig bewussten und rein lebenden Menschen gefördert, was wiederum zu einem günstigen Schicksal führen wird.

Der freie Wille und das eigene Schicksal bedingen sich gegenseitig. In begrenztem Umfang kann das Schicksal durch die Kraft des freien Willens geändert werden.

Das gegenwärtige Schicksal beruht jedoch zumeist und überwiegend auf vergangenen Einflüssen. Nur spirituelle Weisheit und die Entwicklung der Unterscheidungsfähigkeit wird das

Problem lösen. Durch Selbsterkenntnis gelangt man zum wahren Ich, zum Selbst. In diesem bewussten, »erleuchteten« Zustand existiert der Suchende als solcher nicht mehr. Schicksal und freier Wille werden beide null und nichtig – man befindet sich dann in einem Zustand jenseits dieser beiden Faktoren. Das zu erkennen dienen die Vorbilder der »Heiligen«, also der verwirklichten Seelen. Ohne ihre Hilfe, ganz aus eigener Kraft, dürfte es für uns normale Sterbliche fast unmöglich sein, aus den Sümpfen und Labyrinthen der Scheinantworten und Scheinwege herauszufinden.

Mit oder ohne »Karmalehre« ist richtig: Die sinnvolle Gestaltung der Zukunft durch Lernen aus der Vergangenheit und ein bewusstes Leben in der Gegenwart ist Teil der Selbstentdeckung des Menschen als potentiell freies, schöpferisches Wesen.

Und gerade, wer die Gesetzmäßigkeit von Ursache und Wirkung, also das Grundprinzip sowohl der antiken Karmalehre als auch der modernen Physik, als roten Faden erkannt hat, der sich durch unser ganzes Leben zieht, wird die Notwendigkeit anerkennen, sich im rechten Gebrauch des freien Willens besonders unterweisen zu lassen und ihn besonders verantwortlich anzuwenden.

Welche Rolle spielt dabei unser Bewusstsein? Die allergrößte! Zuerst müssen wir erkennen und erleben, dass wir alle mehr sind als nur dreidimensionale, körperliche »Tiere«, die von diesen oder jenen Stimmungen hierhin oder dorthin getrieben werden. Wir müssen erfahren, dass geistige, zwar unsichtbare, aber dennoch höchst wirksame Kräfte in und durch uns wirken und dass wir alle durch diese Kräfte miteinander verbunden sind.

Wer oder was schaut denn aus den Augen des Freundes, der Partnerin, der Mutter, des Vaters, der Geschwister, der Nachbarn, der Kollegen, der politischen, wissenschaftlichen, gewerkschaftlichen, wirtschaftlichen oder religiösen Menschen heraus? Auch aus jenen der »Feinde«, auch aus jenen der »Prominenz«, auch aus jenen der Ärmsten der Armen?

Schauen Sie in einen Spiegel hinein, schauen Sie sich selbst in die Augen. Blicken Sie die Menschen in Familie, Freundeskreis, Beruf oder unterwegs einmal direkt an: Wer oder was schaut denn heraus?

Wer oder was schaut denn aus den Augen des Kleinkindes heraus, das noch gar nicht sprechen kann, oder des kranken und schwachen Patienten, der nicht mehr sprechen kann? Schauen Sie, schauen Sie in die Tiefe der Augen – dieser Augen, die man nicht von ungefähr die »Fenster der Seele« nennt.

Sehnsucht nach Liebe, Ausstrahlung von Güte, Heimweh nach der wahren Heimat, Kraft und Klarheit, innere Schönheit, Ruhe und Frieden … und so vieles mehr blickt uns an. Sehen wir das Aufleuchten des inneren Lichts? Erfassen wir die Tiefe der Seele? Schauen wir das ewige Sein, das uns anblickt, als ob wir in einen Spiegel sähen?

Wir werden das sehen, was wir in uns selbst entdeckt haben. Wir werden den anderen als das Wesen spüren, als das wir uns erleben. Wenn wir uns als bewusstes Sein erfahren – und dass das möglich ist, haben wir in den beiden Kapiteln zuvor erfahren dürfen –, wie gehen wir dann mit unserem Schicksal um und was fangen wir dann mit unserem freien Willen an? Suchen wir nach kompetenter Führung oder beharren wir auf der Illusion, dass wir selbst schon »Manns genug« wären, uns am eigenen Schöpf heraufzuziehen?

Wenn wir aufgrund der freien und bewussten Willensentscheidung einem spirituellen Pfad folgen, und dabei sogar einen Lehrer oder Begleiter haben, ist es nur natürlich, dass wir immer wieder und alle Nase lang stolpern. Selbstverständlich werden wir weiter noch die einen oder anderen Dummheiten oder Fehler machen – wer wäre denn vollkommen auf diese Erdenschule gekommen?

Aber wenigstens folgen wir dann einer inneren Orientierung, zumindest haben wir dann einen geistigen Anker geworfen und fühlen uns getragen und durchströmt von der großen Kraft eines Lebens, das Sinn, Hoffnung, Freude, Liebe und Seligkeit schenkt.

Können wir uns »selbst erlösen«, können wir ohne Hilfe »erleuchtet« oder »heilig = heil = ganz« werden? Strebt die gesamte Schöpfung ohnehin »automatisch« dem Ziel der Vervollkommnung entgegen, so dass wir eigentlich gar nichts zu tun brauchen?

Ja, wer sich als reines Sein erlebt, für den kann das wohl gelten. Sant Kirpal Singh pflegte zu sagen: »Gott plus Ego gleich Mensch, Mensch minus Ego gleich Gott.« Falls und wenn wir die Verhaftungen des Egos überwunden oder abgestreift haben, sind wir in der Lage, als reines Selbst ohne jedes weitere Ziel gleichsam »automatisch« eins mit der Schöpferkraft zu sein und insofern aus uns selbst zu leuchten.

Bis wir dorthin gelangen – selbstverständlich ist es kein »dort« im geographischen Sinne, sondern das uns in Wesen Allernächste – dürfte es für die Mehrzahl der Menschen nützlich und willkommen sein, sich der Hilfe zu bedienen, die uns Seelen anbieten, die bereits verwirklicht sind.

Gebete

Ein dem Buddha zugeschriebenes Gebet lautet etwa so:

»Ich wünsche universelle Liebe für alle Wesen. Ich wünsche, dass die gesamte Schöpfung – über mir und unter mir, zu meiner Linken und meiner Rechten – in Frieden leben möge. Ich wünsche allen Wesen Heil, leben sie nun in dieser Welt oder in einer anderen. Lass Frieden überall sein.«

Der Weber und Mystiker Kabir, der im Mittelalter in Indien sowohl von Muslimen als auch von Hindus als Heiliger verehrt wurde, betete:

»Mit gefalteten Händen bete ich: höre, O Meer der Barmherzigkeit! Gewähre mir die Gaben des Mitgefühls, der Demut, der Erkenntnis und der Glückseligkeit in der Gemeinschaft der Heiligen. Kabir betet, seine Gedanken unverwandt an Deine Lotosfüße geheftet, O Guru! Erzähle mir vom wahren Pfad der Heiligen.

Worum sollte ich Dich bitten? Fühle ich mich doch voll so großer Scham. Ich begehe Sünden, deren Zeuge Du bist: wie kann ich Dir dann gefallen? Während ich alle Fehler in mir habe, bist Du alle Güte; falls ich Dich vergesse, bete ich, dass Du mich nicht vergessen mögest.

O Herr! Möge ich Dich niemals vergessen, selbst nicht inmitten der Millionen (anderer Menschen); Du kannst viele haben wie mich, aber für mich gibt es Keinen außer Dir. Falls ich Dich vergessen sollte, wo würde ich Obhut finden? Ich kann mein Herz keinem anderen geben – weder Shiva, noch Virancha oder Narda.

Bei all meinen Fehlern, werde nicht zornig mit mir – der Meister vergibt doch die Mängel seines Dieners; der vergessliche Kabir ist durch und durch beschmutzt, aber der Meister hat ein liebendes Herz …

Das Meer des Lebens ist zu tief, um gemessen und aufgezeichnet zu werden. Mit Deiner Gnade, O Barmherziger Einer, könnte ich Boden unter den Füßen gewinnen …

Vom Anfang aller Zeit bis zum Ende der Zeit ist Liebe zwischen Dir und mir, wie kann eine solche Liebe ausgelöscht werden? Deshalb sagt Kabir: Wie der Fluss ins Meer strömt, ergießt sich mein Herz in Dir.« (Zitiert nach *Prayer – Its Nature & Technique* von Kirpal Singh, Sawan Kirpal Publications, Delhi 1981.)

Der Heilige Franziskus von Assisi soll uns das folgende Gebet geschenkt haben, das gleichermaßen von Herzen kommt und zu Herzen geht:

Herr, mach mich zum Instrument Deines Friedens.
Wo Hass ist, lass mich Liebe säen, wo Leid herrscht, Heilung,
wo Zweifel besteht, Glaube, wo Verzweiflung ist, Hoffnung,
wo Dunkelheit herrscht, Licht, wo Trauer ist, Freude.

O göttlicher Meister, gib, dass ich nicht so sehr Trost suche als Trost spende, nicht so sehr zu verstehen suche als selber verständnisvoll werde, nicht so sehr Liebe suche als selber liebe. Denn im Geben empfangen wir, in der Vergebung wird uns vergeben, und im Sterben werden wir in das ewige Leben geboren.

Insbesondere dann, wenn uns Gebete fremd erscheinen und sie uns vielleicht anfangs wenig sagen, könnten wir damit anfangen, auf ganz schlichte Weise innerlich zu sprechen: »Gott, falls es dich gibt, bitte offenbare dich.« Wer nicht sucht, wird im Regelfall auch nicht finden.

Was macht es schon, wenn wir nicht gleich und nicht immer ganz aufrichtig im Gebet sind? Es kann uns ja nicht überraschen, dass wir nicht so schnell leuchtende Vorbilder des demütigen Bittens werden – solange wir nur überhaupt anfangen zu bitten und damit anzunehmen bereit sind, dass es etwas Größeres als uns gibt – oder vielleicht geben könnte.

Meditation

»Wer bin ich?« »Woher komme ich?« »Wohin gehe ich?« »Was ist der Sinn?« Intellektuelle Antworten auf diese Fragen werden immer sehr begrenzt bleiben. Es ist dem Verstand nicht gegeben, über sich hinaus zu blicken. Wir müssen aber einen höheren Standpunkt einnehmen, um aufnahmefähig für die möglichen Klärungen zu werden. Dazu müssen Gemüt und Verstand eine Zeit lang stille sein, damit die Seele die ihr eigene, »übersinnliche« innere Wahrnehmungsfähigkeit entfalten und nutzen kann.

Echte Meditation »macht« nichts und stellt auch nichts vor, sondern bereitet den geistigen Raum, um sich auf das eigene Sein, die Wirklichkeit des Geistes, ganz unmittelbar einzulassen.

Atemübungen, Chakraübungen, gegenständliche Meditationen und dergleichen mehr mögen für manche Menschen nützliche Vorbereitungsschritte darstellen. Früher oder später werden wir über die grobstofflichen und feinstofflichen Sinne hinausgehen, uns als ein Licht aus dem einen Licht erkennen und in die ewige Wirklichkeit des strahlenden Geistes eintauchen.

Wir brauchen uns ja nicht zu etwas zu zwingen, wir müssen ja nicht gleich stundenlang meditieren wollen. Und natürlich werden wir lange Zeit ständig von einer wahren Flut von Gedanken und Gefühlen überschwemmt – aber dennoch können wir jeden Tag aufs Neue einige Minuten lang in die Stille gehen. Wir können unserer Seele einige Minuten lang Zeit und Raum gönnen, ihre Flügel zu entfalten und sich in andere Gefilde zu schwingen. (Hinweise auf Lichtmeditation im Anhang.)

Verwirklichung im Alltag

In Abwandlung des berühmten Kennedy-Wortes, »Fragt nicht, was der Staat für euch tun kann, sondern fragt, was ihr für den Staat tun könnt«, möchte ich uns ermutigen:

»Fragen wir nicht danach, was uns trennt, sondern suchen und fördern wir aktiv das, was uns gemeinsam ist und uns zusammenführt – menschlich, wirtschaftlich, sozial, kulturell, religiös, spirituell.«

In Fragen der Weltanschauung, die uns häufig trennen und uns zu oft sogar in religiös bemäntelten Mord und Totschlag treiben, sind Worte des jüdischen Religionswissenschaftlers Professor Pinchas Lapide am Platze:

»Was not tut, wäre, von den Erzübeln und Gefahrenherden der interreligiösen Beziehungen Abstand zu nehmen, die da sind:
– Elitäre Absolutheitsansprüche
– Alleinseligmachende Wege zum Heil
– Aufgedrängte Missionierung Andersgläubiger in Wort und Tat.
... ›Prüfet alles – und das Gute behaltet!‹ ... Von theologischer Selbstaufgabe und religiösem Substanzverlust kann hier nicht die Rede sein. Aus dem 18. Jahrhundert wird der Stoßseufzer eines chassidischen Rabbis überliefert, der in einer Stunde christlicher

Judenverfolgungen zum Himmel aufschrie: Himmlischer Vater, wenn es aus Deinen unergründlichen Absichten noch nicht an der Zeit ist, aus Deinen Juden biblische Idealgestalten zu machen, erwirke doch bitte, dass Deine Christen alsbald zu besseren Christen werden! In diesem Sinne erwarten wir alle die Erlösung für die geschundene Welt.«

»Ist es nicht an der Zeit, eine Großallianz der messianischen Hoffnung zu gründen, um gemeinsam, in Tat und Gebet, an der Verbesserung dieser Welt mitzuarbeiten?« (zitiert aus Pinchas Lapide, *Paulus zwischen Damaskus und Qumran*, S. 127f., S. 45)

Religion, die Rückverbindung zwischen dem Einzelbewusstsein und dem schöpferischen allumfassenden Bewusstsein, bedarf persönlicher Erfahrung und erfordert eigenes Erleben, um von einem hohen Ideal zu einer konkreten Wirklichkeit zu werden.

Ob wir die Erde, auf der wir zu Gast sind, zu einem menschenwürdigen Paradies machen oder nicht, hängt maßgeblich von uns ab. Wie setzen wir den uns verfügbaren freien Willen ein? Um ihn überhaupt gezielt einsetzen zu können, müssen wir allerdings einen persönlichen Sinn vor Augen haben und uns der unauflösbaren, in der Tat »schicksalhaften« Gemeinschaft und Verbindung zwischen allen Lebewesen bewusst sein.

7 Es steht geschrieben …

Das Leben ist kein Rätsel, das gelöst werden kann, sondern ein Geheimnis, das gelebt werden muss

»Das neue Zeitalter wird durch einen Wandel der Herzen kommen. So, wie der Tag heraufdämmert, die Nacht zögernd weicht und sich viele graue Schatten bilden, bis die Sonne in ihrem vollen Glanz erstrahlt, so gibt es auch viele Phasen, bis das neue Bewusstsein durchbricht und die Welt in spirituelles Licht taucht. Da sich mehr und mehr Menschen der Meditation zuwenden und lernen, sich über ihr begrenztes physisches Bewusstsein zu erheben, werden sie allmählich erkennen, dass alle Menschen Kinder desselben Vaters, des einen Gottes sind. Die Mauern, die den Menschen vom Menschen trennen, werden nach und nach zerbröckeln, und wir werden eine Welt erschaffen, in der jedes Individuum – ganz gleich wie gering – geachtet ist und für jeden gesorgt wird.

Wir sind Zeugen des Heraufdämmerns einer spirituellen Revolution. Eine solche Revolution kann nicht wie politische, soziale oder ökonomische Revolutionen von außen erzwungen werden. Es ist eine innere Revolution, deren Mittelpunkt ein Wandel des Bewusstsein ist. Wir können andere nicht bekehren, wir können nur uns selbst wandeln. Gelingt es uns, diesen Wandel zu vollenden, werden wir nicht nur das Heraufdämmern des spirituellen Zeitalters beschleunigen, sondern wir werden uns selbst in seinem vollen Glanze sonnen.«

Worte des Mystikers und Dichters Sant Darshan Singh aus seinem Buch *Spirituelles Erwachen.* An den Schluss dieses Buches sollen eine Reihe von Aussprüchen großer Seelen stehen, die von Herz zu Herz gehen. Diese Sätze künden von einem geistigen Licht und sie weisen aus unterschiedlichen Richtungen auf die eine große Quelle des Lebens. Das Lesen dieser auf Papier niedergeschriebenen Worte mag uns als eine Hilfe dazu dienen, dass wir die Musik und das innere Wort der Seele zu hören beginnen.

Gott ist Geist, und die ihn anbeten,
die müssen ihn im Geist und in der Wahrheit anbeten.
– Johannesevangelium

Gott schläft im Stein, atmet in der Pflanze,
träumt im Tier, wacht auf im Menschen.
– Altindischer Spruch

Es gibt keine Freiheit ohne Gott.
– Unbekannter Verfasser

Alle, die Dich suchen, versuchen Dich.
Alle, die Dich finden, binden Dich
An Bild und Gebärde.
Ich aber will Dich begreifen,
Wie Du die Erde begreifst;
In meinem Reifen
Reift Dein Reich.
– Rainer Maria Rilke

Jede Seele ist ihrem Wesen und Vermögen nach göttlich.
Das Ziel ist die Offenbarung dieses innewohnenden Göttlichen
durch Beherrschung der äußeren und der inneren Natur.
– Swami Vivekananda

Was der Mensch liebt, das ist der Mensch. Das ist so zu verstehen: Liebt er einen Stein, so ist er ein Stein. Liebt er einen Menschen,

nun, so ist er ein Mensch. Minnet er Gott – nun wage ich nicht, weiterzusprechen; denn sage ich: dass der Mensch dann Gott ist, so könntet ihr mich steinigen wollen.
– Meister Eckehart

Es ist sehr schwer, ein wahrer Mensch zu werden.
Wenn man erst einmal ein wahrer Mensch geworden ist,
dann ist es nicht mehr schwer, Gott zu erkennen.
– Sant Kirpal Singh

Wie kannst du anderen helfen, ohne dich selbst zu kennen? Bringe erst dein eigenes Haus in Ordnung, bevor du über andere sprichst. Die Welt kann ohne dich weitergehen. Wie kann ein Mensch, der nichts über sich selbst weiß, anderen helfen? Bemühe dich zuallererst darum zu erkennen, wer du in Wirklichkeit bist.

Bist du nur der menschliche Körper, der jetzt hier sitzt? Erkenne das, bevor du versuchst, anderen zu helfen. Finde heraus, wer du bist. Wenn du dich selbst erkennst, kommt alles zur Ruhe.
– Ramana Maharshi

Ich bin ein Schatten! Das bist auch du!
Ich rechne mit der Zeit. Und du?
– Inschrift einer alten Sonnenuhr

An des Ew'gen Harfe rühren,
ist mir tiefe Seligkeit.
Seinen Liebeshauch zu spüren,
macht vergessen alles Leid.
Durch die Saiten geht ein Klingen,
fernher tönt Posaunenschall,
und ein wundersames Singen
find't im Herzen Widerhall.
Und ein Lied will sacht entsteigen
meiner Seel', unmerklich fast,

will den Augenblick bezeugen,
da im Himmel ich zu Gast.
– Hanni Kubesch, »Himmelslied« aus Herzensharfe

Auch ein Buch ist, wie vieles im Leben, nie »fertig«. Es gäbe so Vieles an Schönem, Wichtigem und Hoffnungsvollem zu sagen, soviel gäbe es von den Wundern der Welt und dem Geheimnis des Lebens zu berichten. Uns allen wünsche ich, dass wir in unserem Lebensbuch viele gute Seiten und schöne Geschichten niederschreiben dürfen – und uns daran erinnern, dass eine einzige Stunde, die wir der Ergründung der Wahrheit widmen, zur besten Stunde unseres Lebens werden kann.

Anhang

Adressenhinweise zu einigen Palmblattbibliotheken

Sri Shuka Nadi, Mr. Gunjur Sachidananda Murthy, Nadi Gruha, No. 33, 5th Main Road, Chamarajpet, Bangalore, 560018, India

Brighu Samhita, Brighu Shastris, Railroad Road District, Hoshiarpur, Punjab. Hoshiarpur liegt etwa dreihundert Kilometer nördlich von Delhi, vierzig Kilometer östlich von Jullundhur, und fünfzig Kilometer nordwestlich von Chandigarh.

Palmleaf-Library, Vaitisvarankoil, Chitamberam. Diese Palmblattbibliothek, auf die mich eine Münchnerin hinwies, liegt zweihundert Kilometer südlich von Madras.

Licht- und Klangmeditation

Informationen zur Verbindung mit dem inneren Licht und Klang (Naam, Shabd, Wort) und zu einer rein spirituellen Meditationsform erhalten Sie über Frau Helga Kammerl, Jägerberg 21, D 82335 Berg; Tel. +49-(0)8151-50449; www.sos.de; E-Mail WDSZentrum@t-online.de

Empfohlene Literatur

Braun-Urban, Heiner: *Der Mensch stammt nicht vom Affen ab*, R.S. Schulz, Starnberg 1980

Frankl, Viktor E.: *Das Leiden am sinnlosen Leben*, Herder, Freiburg 2000

Griscom, Chris: *Zeit ist eine Illusion*, Schirner, Darmstadt 2005

Lapide, Pinchas: *Paulus – zwischen Damaskus und Qumran*, Gütersloher Verlagshaus, Gütersloh 1993

Schmidt, K.O.: *In dir ist das Licht*, Dreieichen, Hammelburg 1998
Singh, Darshan: *Spirituelles Erwachen*, SK Publikationen, Hof 2003
Singh, Rajinder: *Die Weisheit der erwachten Seele*, Urania CH-Neuhausen, 2001
Spezzano, Chuck: *Es muss einen besseren Weg geben*, Via Nova, Petersberg 2003
ders.: *Karten der Heilung*, Urania, CH-Neuhausen 2004
Vandenberg, Philip: *Das Geheimnis der Orakel*, Lübbe Verlag, Bergisch Gladbach 1992

Einige weitere Bücher des Verfassers

Rohr, Wulfing von: *Fünf Kräfte deiner Seele*, Lüchow, Stuttgart 2005
ders.: *Meditation*, Lüchow Stuttgart
ders.: *Einführung in die Horoskopdeutung*, Urania, CH-Neuhausen 2004
ders.: *Die Horoskopuhr und andere Prognosetechniken in der Astrologie*, Chiron, Tübingen 2004
ders.: *Geheime Herrscher der Welt*, Hugendubel, München 2001
ders.: *Worauf es in Wirklichkeit ankommt*, Via Nova, Petersberg 2004

Quellennachweis

Zum Autor

Wulfing von Rohr, geb. 1948, ist Kultur- und Bewusstseinsforscher, Yogalehrer und ein Experte für die Themen Spiritualität, Meditation sowie interkulturellen und interreligiösen Austausch. Er hat Friedenstreffen organisiert in München, Luzern und Salzburg. Er war viele Jahre hindurch Referent bei der Tagung der Internationalen Gesellschaft für Tiefenpsychologie, in der er ebenso Mitglied ist wie in der Society for Meditation and Meditation Research. Zwanzig Jahre war er Fernsehjournalist und hat Dokumentationen gemacht, so für Terra X über die Anasazi-Indianer, in Guatemala, der Türkei und anderen Ländern. Mit »Großen dieser Welt« – u.a. mit Indira Gandhi, Anwar el Sadat, Papst Johannes Paul II, dem Dalai Lama, Sant Rajinder Singh, Pater Enomiya Lassalle, Lech Walesa, den Physikern Steven Weinberg und Gerd Binnig (beide Nobelpreisträger), sowie Roger Penrose und Herbert Pietschmann – hat er Interviews und Gespräche geführt. Er ist als Autor und Koautor zahlreicher Bücher über Naturheilkunde, Spiritualität und Geheimwissen bekannt geworden und hat die Reihe »Magisch Reisen« herausgegeben. Edward Bach, Dane Rudhyar, Chris Griscom, Rabbi Tzvi Freeman hat er als erster dem deutschen Publikum vorgestellt. Für Dr. Chuck Spezzano übersetzt er Vorträge und Seminare. Nach zwölf Jahren in Santa Fe wohnt er wieder in Europa, in einem Vorort der Kulturstadt Salzburg am magischen Untersberg.
Kontakt: wulfing@aon.at